코바늘 손뜨개의 새로운 세계

원더풀 크로셰

Wonderful Crochet

일본 보그사 지음 | 김은주 옮김

|| Contents ||

아몬드 스티치 ··· P. 4
- **A** 그래니 백 ··· P. 6
- **B** 클러치 백 ··· P. 7

프릴 스티치 ··· P. 5
- **C** 프릴 머플러 ··· P. 8
- **D** 핸드 워머 ··· P. 9

지그재그 스티치 ··· P. 5
- **E** 납작 가방 ··· P. 10
- **F** 쇼트 스누드 ··· P. 11

스트로베리 스티치 ··· P. 12
Point Lesson ··· P. 12
- **G** 지퍼 파우치 ··· P. 14
- **H** 원 마일 백 ··· P. 15

피코 프릴 스티치 ··· P. 16
Point Lesson ··· P. 16
- **I** 롱 스누드 ··· P. 20
- **J** 스트링 파우치 ··· P. 21

피콕 스티치 ··· P. 17
- **K** 모헤어 스누드 ··· P. 22
- **L** 손목 밴드 ··· P. 23

바구니 무늬뜨기 1 ··· P. 17
- **N** 블랭킷 ··· P. 25

릴리 네트 스티치 ··· P. 18
Point Lesson ··· P. 18
- **M** 삼각 숄 ··· P. 24
- **N** 블랭킷 ··· P. 25

퍼프 스티치 ··· P. 26
Point Lesson ··· P. 26
- **P** 사각 방석 ··· P. 30
- **Q** 원 핸들 백 ··· P. 31

바구니 무늬뜨기 2 ··· P. 27
Point Lesson ··· P. 27
- **O** 모노톤 백 ··· P. 29

크로스 스티치 ... P. 32

Point Lesson ... P. 32

R 사코슈 ... P. 34

스파이럴 스티치 ... P. 33

Point Lesson ... P. 33

S 팔찌·귀걸이·반지 ... P. 35

스타 스티치 ... P. 36

Point Lesson ... P. 36

T 니트 모자 ... P. 38
U 숄더 스트링 포셰트 ... P. 39

브리오슈 뜨기 ... P. 40

Point Lesson ... P. 40

V 뜨개실 정리함 ... P. 41
W 컵 홀더 ... P. 41

란란 스티치 ... P. 42

Point Lesson ... P. 42

X 라인 백 ... P. 44
Y 그러데이션 모자 ... P. 45

작품에 사용한 실 ... P. 46

How to make ... P. 47

코바늘뜨기 기초 ... P. 97

★본지에 게재된 작품을 복제, 모방해서 판매(상점, 온라인)하는 행위는 저작권 침해로 금하고 있습니다. 개인이 즐기는 용도로만 활용해주십시오.

원더풀 크로셰 패턴

코바늘로 뜰 수 있는 새롭고 신기한 무늬뜨기를 모아보았다.
기본 뜨개코의 도안인데
뜨다 보면 놀랍게도 입체적인 무늬가 생겨난다.
Point Lesson을 참고해서
뜨개코 줍는 법과 편물 뒤집는 법 등의 요령도 배워보자.

※스와치(견본)는 작품과 다른 색의 실을 사용하거나, 콧수와 단수를 변형하기도 했다.
실제로 작품을 제작할 때는 지정된 재료와 도안에 맞춰서 뜰 것.
※뜨는 방법의 Point Lesson에선 이해하기 쉽도록 스와치와 다른 굵기, 색상의 실을 사용했다.

Almond Stitch
아몬드 스티치

2단 또는 여러 단 아래에 있는 코를 주워서 짧은뜨기하는 스파이크 스티치 기법으로
아몬드 모양을 만드는 무늬뜨기. 타원과 테두리 색을 달리해 변화를 준다.

작품 > P. 6, 7

Swatch

Pattern

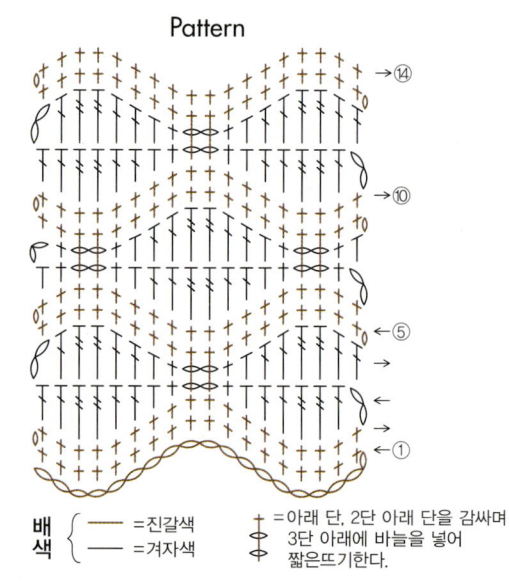

Frill Stitch
프릴 스티치

부채 모양의 프릴이 교차되도록 배치한 편물이다.
프릴은 한길긴뜨기 뒤걸어뜨기로 만들고 단마다 피코로 장식해 볼륨을 준다.

작품 > P. 8, 9

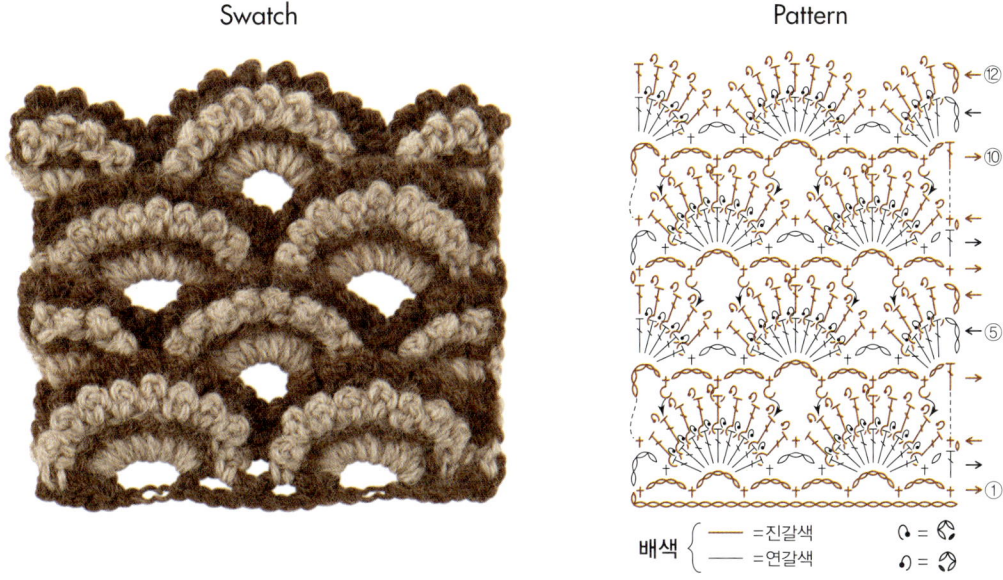

Zigzag Stitch
지그재그 스티치

2단으로 만드는 지그재그 모양. 아래 단에서 교차한 두길긴뜨기에
앞걸어뜨기를 해서 선명한 모양을 만든다. 뜨개코가 교차하면서 틈새가 만들어져 느낌이 한층 가볍다.

작품 > P. 10, 11

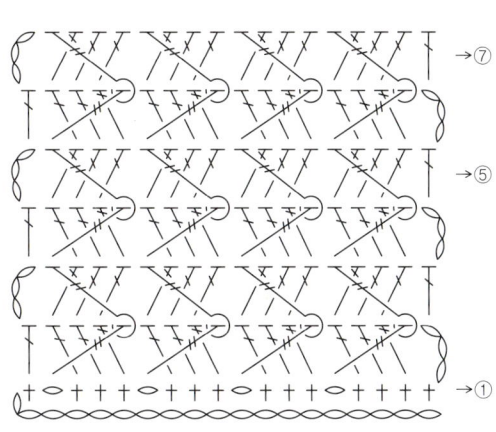

Almond Stitch ‖ 아몬드 스티치

A

3색 무늬의 매력 어필
그래니 백

컬러풀한 패턴이 매력적인 그래니 백.
무늬가 매우 정교해 보이지만
2단마다 색을 바꿔가며 뜨기만 하면 되므로
매우 간단하다.

Design 니시무라 도모코
Yarn 파피 브리티시 에로이카
How to make > P. 48

B

편물을 접어서 간단하게 완성
클러치 백

직사각형 편물을 접기만 하면 완성.
뜨개코가 꽉 차 있기에
1장만으로도 견고한 백이 된다.
진갈색 라인을 넣어서 무늬가 돋보인다.

Design 니시무라 도모코
Yarn 파피 셰틀랜드
How to make > P. 50

Frill Stitch ‖ 프릴 스티치

C

절묘한 배색에 홀릭
프릴 머플러

중앙에서 바깥쪽으로 프릴을 뜬다.
볼륨이 있는 편물이지만 모헤어 실로 가볍게 연출.
색을 대칭으로 반전해 리듬감을 주었다.

Design 오카 마리코
Making 우치우미 리에
Yarn 하마나카 하마나카 모헤어
How to make > P. 52

D

손목에 사랑스러운 악센트
핸드 워머

손목에 프릴을 떠 넣은 여성스러운 디자인.
내추럴 컬러를 사용해 러블리한 느낌이 과하지 않다.
본체는 심플한 패턴으로 사용하기 편하게 만들었다.

Design　오카 마리코
Yarn　하마나카 소노모노 《합태》
How to make > P. 54

E

여름 실로 시원하게
납작 가방

종이 실로 뜬 산뜻한 가방.
힘이 있는 실이라 입체적인 무늬가 선명해 보인다.
비침무늬가 큼직해 겨울 실과는 또 느낌이 다르다.

Design 오카 마리코
Making 우치우미 리에
Yarn DARUMA SASAWASHI
How to make > P. 56

F

매력 만점 지그재그 무늬
쇼트 스누드

느슨하게 꼬인 두꺼운 실로 볼륨 업.
뜨개코가 도톰해서
입체적인 지그재그 무늬가 돋보인다.

Design 오카 마리코
Making 우치우미 리에
Yarn DARUMA 손으로 뽑은 듯한 탐사
How to make > P. 58

얼굴을 환하게 만들어주는
베이지도 매력 있다.
초봄까지 사용할 수 있는
폭신하고 가벼운 아이템.

Strawberry Stitch
스트로베리 스티치

딸기 모양은 팝콘뜨기 머리에 긴뜨기 3코 모아뜨기로 꼭지를 떠서 만든다.
색을 바꾸는 타이밍이 중요. 꼭지 모양을 만들 때 3코 모아뜨기 후 뜨는 사슬코는 꽉 조여야 모양이 예쁘다.

작품 > P. 14, 15

Swatch

Pattern

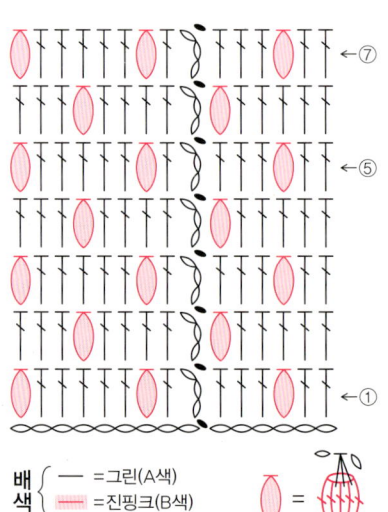

Point Lesson

※과정에서 A색은 블루, B색은 베이지로 설명한다.

1 A색으로 사슬코로 시작코를 만들고, 빼뜨기로 원을 만든다. 1단은 사슬 3코로 기둥코를 만들고, 미완성 한길긴뜨기 1코를 뜬다.

2 A색 실을 앞에서 뒤로 바늘에 걸고, B색을 바늘에 감아 빼뜨기로 색을 바꾼다.

3 B색 실을 바늘에 건다.

4 다음 코에 A색 실을 감싸면서 한길긴뜨기 5코를 뜨는데, 다섯째 코를 마지막 빼낼 때 A색으로 바꾼다.

5 바늘에 걸려 있던 코를 넓혀두고 바늘을 빼낸다.

6 5의 화살표와 같이 첫째 한길긴뜨기에 바늘을 넣고, 넓혀둔 코에 바늘을 다시 넣는다. 바늘에 걸린 코를 첫째 한길긴뜨기 코에서 빼낸다.

사슬 1코를 뜬다.

바늘에 실을 걸어서 **4**의 한길긴뜨기 첫째 코와 둘째 코 사이에 바늘을 넣어서 미완성 긴뜨기를 한다(**9**의 1).

이어서 바늘에 실을 걸어서, 둘째 코와 셋째 코 사이에 바늘을 넣어서 미완성 긴뜨기를 한다(**10**의 2).

이어서 셋째 코와 넷째 코 사이에 바늘을 넣어서 미완성 긴뜨기를 한다(**11**의 3).

바늘에 실을 감아 바늘에 걸려 있는 7개의 고리를 한 번에 빼낸다.

다 빼낸 모습. 이어서 사슬 1코를 뜬다.

딸기를 1개 만들었다. 계속 바늘에 실을 걸어서,

B색 실을 감싸면서 다음 코에 한길긴뜨기 1코를 뜬다.

B색 실을 감싸면서 한길긴뜨기를 뜨고, 다음 딸기를 뜨기 바로 전에 실을 바꾼다. **2**~**15**를 반복해, 도안대로 1단을 뜬다.

2단은 기둥코로 사슬 3코를 뜨고, 다음 한길긴뜨기에서 B색을 감싸면서 한길긴뜨기를 한다.

딸기의 코를 주울 때는 **12**의 ☆코(긴뜨기 3코 모아뜨기의 머리)에 바늘을 넣어서 한길긴뜨기를 한다.

한길긴뜨기를 한 모습. 계속해서 도안대로 뜬다.

Strawberry Stitch | 스트로베리 스티치

G

딸기가 좋아!
지퍼 파우치

탐스럽게 한가득 달린 귀여운 딸기 송이.
톡톡 튀어나온 쿠션감 또한 매력이다.
편물의 조직이 견고해서 안감이 없어도 좋다.

Design 이마무라 요코
Yarn 하마나카 아메리
How to make > P. 60

Strawberry Stitch ∥ 스트로베리 스티치

H

세련된 배색으로
원 마일 백

딸기 무늬를 감색×흰색으로 스타일리시하게!
일상에서 사용하기 편리한 둥근 바닥의 가방.
가장자리는 되돌아 짧은뜨기로 변화를 주고,
손잡이는 원통형으로 견고하게 만든다.

Design 이마무라 요코
Yarn 하마나카 멘즈 클럽 마스터
How to make > P. 62

Picot Frill Stitch
피코 프릴 스티치

한길긴뜨기로 비스듬한 어살 무늬를 기본으로 연출하고, 하트 모양의 피코 프릴을 더해준다.
이 피코 프릴은 단마다 앞뒤로 나오게 해도 좋고, 모두 한쪽 면으로 몰아서 볼륨감을 주어도 좋다.

작품 > P. 20, 21

Swatch

Pattern
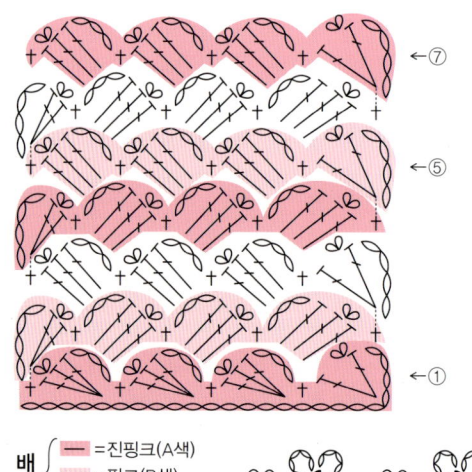

Point Lesson

※과정은 A색은 블루, B색은 베이지, C색은 핑크로 설명한다.

1
1단은 A색으로 시작한다. 첫 피코 프릴은 사슬 5코를 뜨고, 한길긴뜨기 머리의 앞쪽 반 코와 다리 부분의 실 1가닥에 화살표처럼 바늘을 넣고,

2
실을 걸어서 한 번에 뺀다.

3
이어서 사슬 5코를 뜨고, 1과 같은 곳에 바늘을 넣어서 빼낸 뒤 피코를 뜬다. 계속해서 도안대로 떠나간다.

4
1단 마지막 코는 A색을 앞에서 걸고, B색으로 바늘에 걸려 있는 고리 3개를 한 번에 빼내어 실 색을 바꾼다.

5
2단의 첫 무늬를 뜬 뒤 아래 단의 사슬 전체 다발을 주워서 짧은뜨기를 한다.

6
아래 단의 피코 프릴은 편물의 정면으로 나오게 한다.

7
2단 마지막 코는 B색을 뒤쪽에서 걸어(실 끝을 뒤쪽으로 나오게 하기 위해), C색으로 한 번에 빼내어 실 색을 바꾼다. 이것을 반복한다.

8
도안대로 뜨면 편물의 앞뒤로 피코가 교대로 나열된다. 피코를 앞으로만 나오게 하고 싶으면 뒤쪽에서 손으로 피코를 밀어서 빼낸다.

피코 프릴을 전부 앞쪽으로 빼낸 모습.

Peacock Stitch
피콕 스티치

공작 깃털 느낌의 무늬뜨기. 파인애플 무늬와도 닮은 입체적인 문양이다.
한길긴뜨기 앞걸어뜨기를 증감하면서 만든다. 왕복뜨기의 경우 뒤쪽 단은 뒤걸어뜨기이므로 주의한다.

작품 > P. 22, 23

Swatch   Pattern

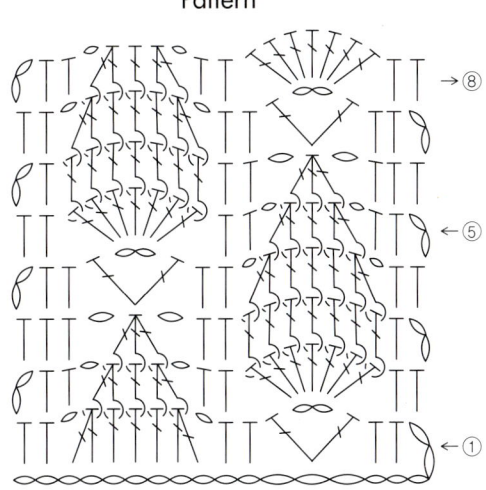

Basket Weave Crochet 1
바구니 무늬뜨기 1

나무껍질을 가로세로로 짜 맞춘 듯한 무늬가 특징. 어살 무늬뜨기라고도 하는데, 그중에서는 방법이 가장 간단하다.
두길긴뜨기 뒤걸어뜨기와 앞걸어뜨기를 3코씩 반복해서 뜬다.

작품 > P. 25

Swatch   Pattern

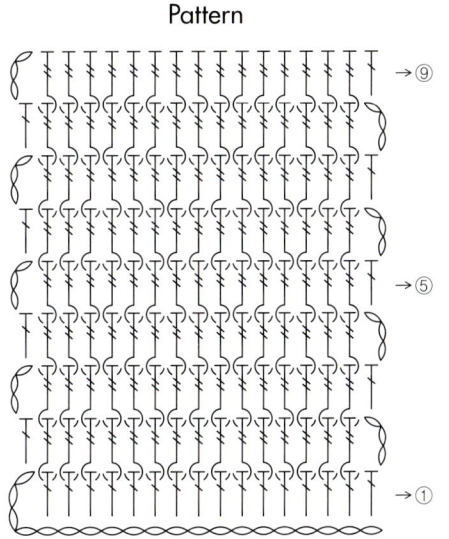

Lily Net Stitch

릴리 네트 스티치

풍차 느낌의 꽃 모양이 사랑스러운 스티치. 입체적인 꽃잎은 둘째 단과 넷째 단에서
사슬코 다발을 주워서 뜬다. 편물을 시계 방향으로 돌리면 다음 단의 코를 줍기가 쉽다.

작품 > P. 24, 25

Swatch

Pattern

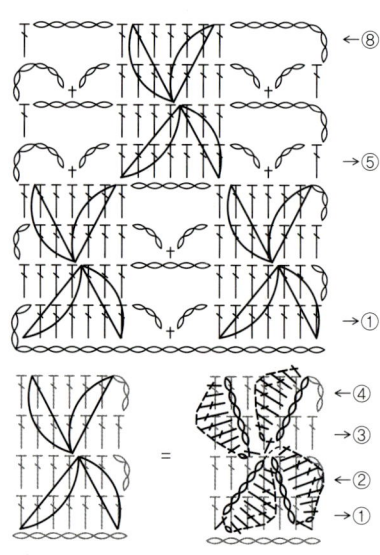

Point Lesson

1 1단은 시작코의 사슬코 산을 주워서 도안대로 뜬다. 2단은 한길긴뜨기를 3코 뜨고 이어서 사슬을 5코 뜬다.

2 화살표와 같은 방향으로 시작코의 사슬코 산(1단의 끝)에 바늘을 넣는다.

3 바늘을 넣은 모습. 바늘에 실을 걸어서 빼내고, 짧은뜨기를 한다.

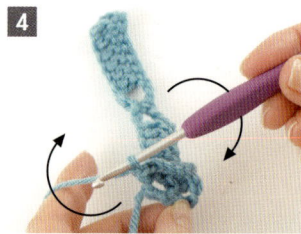

4 이어서 사슬 1코(기둥코)를 뜨고, 편물을 시계 방향으로 회전한다.

5 편물을 회전한 모습. 사슬 5코 다발을 주워서 도안대로 꽃잎을 뜬다.

6 계속해서 사슬을 5코 뜨고, 화살표와 같이 시작코의 사슬코 산(끝에서 일곱째 한길긴뜨기의 밑동)에 바늘을 넣는다.

7 바늘을 넣은 모습. 바늘에 실을 걸어서 빼내고 짧은뜨기를 한다.

8 이어서 **4, 5**와 동일하게 편물을 시계 방향으로 돌려 꽃잎을 뜬다.

9 코에서 바늘을 빼내고 편물을 시계 방향으로 돌린다. 첫째 꽃잎을 앞으로 눕히고, 2단의 셋째 한길긴뜨기의 머리에 바늘을 넣은 뒤 쉬고 있는 코에 바늘을 다시 넣는다.

10 코를 당겨 빼낸다. 이어서 넷째 한길긴뜨기부터 도안대로 뜬다.

11 3단도 도안대로 뜬다. 넷째 코는 아래 단의 코가 당겨지며 작아져 있으므로 빠뜨리지 말고 줍는다.

12 넷째 한길긴뜨기를 뜬 모습. 다섯째 코도 아래 단의 코가 작아져 있으므로 주의해서 줍는다.

13 4단은 기둥코로 사슬 3코를 뜬 뒤 편물을 화살표 방향으로 돌려 앞으로 뒤집는다.

14 편물을 회전한 모습.

15 사슬 5코를 뜨고, 화살표처럼 아래 단의 한길긴뜨기 넷째 코와 같은 코에 화살표와 같이 바늘을 넣어 짧은 뜨기를 한다.

16 이어서 사슬 1코(기둥코)를 뜨고, 편물을 시계 방향으로 회전해 **4, 5**와 동일하게 뜬다.

17 코에서 바늘을 빼내 **9, 10**과 같은 요령으로 기둥코의 셋째 사슬코의 사슬코 산(끝단 외에는 한길긴뜨기의 머리)에 화살표처럼 바늘을 넣는다.

18 바늘에 실이 올라가지 않도록 꽃잎의 오른쪽 끝에서 화살표와 같이 바늘을 움직여서, **17**에서 빼놓은 코에 다시 넣어서 빼낸다.

19 계속해서 한길긴뜨기 5코, 사슬 5코를 뜬다.

20 아래 단의 한길긴뜨기 넷째 코와 **15**의 짧은뜨기 사이에 화살표처럼 바늘을 넣어,

21 짧은뜨기를 한다.

22 **4, 5**와 동일하게 뜨고, **9, 10**과 같은 요령으로 코를 빼낸다. 한길긴뜨기 일곱째 코부터 도안대로 뜬다.

23 꽃을 1개 뜬 모습.

24 똑같이 둘째 꽃도 떴다. 5단 이후도 도안대로 뜬다.

Picot Frill Stitch ‖ 피코 프릴 스티치

2번 감싸면 앞뒷면이 골고루 보여서 멋지다!
적당한 존재감으로 멋진 악센트 역할을 한다.

I

화려한 양면 프릴
롱 스누드

피코 프릴을 겉과 안
각기 다른 색으로 뜬 스누드.
매 단마다 색을 바꾸면서 왕복뜨기를 하는데,
실은 자르지 않고 위로 끌어 올려서 뜬다.

Design 기시 무쓰코
Yarn 하마나카 사가
Making 가토 아키코
How to make > P. 64

J

사랑스러운 프릴이 한가득!
스트링 파우치

피코 프릴을 모두 겉면으로 오게 해서
화려하게 연출한 파우치.
주머니 입구는 네트 뜨기에 끈을 끼워 조인다.

Design 기시 무쓰코
Yarn 파피 프린세스 애니
How to make > P. 66

Picot Frill Stitch ‖ 피코 프릴 스티치

Peacock Stitch ‖ 피콕 스티치

K

폭신한 깃털 무늬라 더 따뜻
모헤어 스누드

공작무늬가 엇갈리게 배열된 편물.
입체적이라 홑겹에도 폭신하고 따뜻하다.
선명한 그린 컬러의 모헤어 실로 사랑스럽게!

Design   가제코보
Yarn   파피 키드 모헤어 파인
How to make > P. 68

Peacock Stitch ‖ 피콕 스티치

L

무늬가 돋보이는 단색의
손목 밴드

단색 스트레이트 털실로 떠서
무늬가 깔끔하게 돋보이며
작은 사이즈에도 시선 집중.
금세 뜰 수 있어서 더 좋다.
방한 패션 소품으로 최고.

Design 가제코보
Yarn 파피 퀸 애니
How to make > P. 69

Lily Net Stitch ∥ 릴리 네트 스티치

M

들꽃이 활짝 피었습니다
삼각 숄

들꽃이 몸을 감싸는 듯한 사랑스러운 삼각 숄.
본체를 비침무늬로 떠서
가장자리의 꽃무늬가 한층 돋보인다.

Design 요코야마 가요미
Yarn 하마나카 알파카 모헤어 핀
How to make > P. 70

Lily Net Stitch ‖ 릴리 네트 스티치
Basket Weave Crochet 1 ‖ 바구니 무늬뜨기 1

N

꽃 x 비침무늬의 하모니
블랭킷

릴리 네트 스티치 장식이 화려하다.
둘레는 바구니 무늬뜨기 1로 단정하게 매치.
뜨는 재미까지 특별한 블랭킷이다.
사이즈가 크지만 본체와 가장자리를 이어서 떠서
도안을 따라가다 보면 어느새 완성!

Design 요코야마 가요미
Yarn 파피 보보리
How to make > P. 73

Puff Stitch
퍼프 스티치

긴뜨기 5코 팝콘뜨기를 단마다 각도를 달리해 떠나간다. 팝콘뜨기를 할 때 코 줍는 위치를 아래 단의 팝콘뜨기 머리가 아니라, 그 옆의 사슬 1코 다발을 주워 뜨기 때문에 팝콘뜨기만 겉에 나란히 보인다. 두툼하고 견고하게 완성된다.

작품 > P. 30, 31

Swatch

Pattern

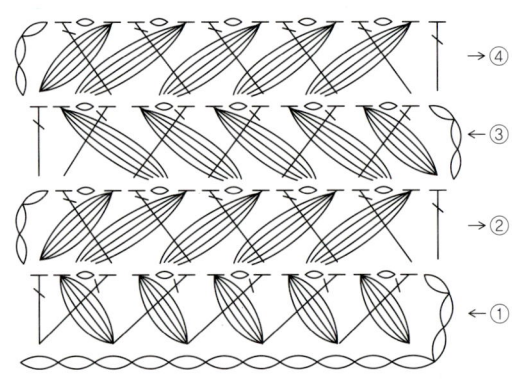

Point Lesson

1 1단은 사슬 3코를 기둥코로 올리고, 시작코 끝에서 셋째 코에 한길긴뜨기를 뜬다. 사슬 1코를 뜬 뒤 실을 걸어.

2 한길긴뜨기를 감싸면서 시작코의 끝 코에 미완성 긴뜨기를 5코 뜬다. 바늘에 실을 걸어서 한 번에 빼낸다.

3 긴뜨기 5코 팝콘뜨기를 한 모습. 계속해서 도안대로 1단을 뜬다.

4 2단은 사슬 3코로 기둥코를 올리고, 바늘에 실을 걸어서 아래 단 끝에서 넷째 한길긴뜨기 머리에 바늘을 넣어서 한길긴뜨기를 한다.

5 사슬 1코를 뜨고, 바늘에 실을 걸어서 아래 단 끝의 한길긴뜨기 머리에 바늘을 넣어 **4**의 한길긴뜨기를 감싸면서 긴뜨기 5코 팝콘뜨기를 한다.

6 이어서 **4**와 동일하게 한길긴뜨기 1코, 사슬 1코를 뜨고, 바늘에 실을 걸어서 아래 단 사슬 다발을 주워.

7 긴뜨기 5코의 팝콘뜨기를 한다.

8 도안대로 2단을 끝까지 뜬다. 이것을 반복한다.

Basket Weave Crochet 2
바구니 무늬뜨기 2

비스듬한 격자 느낌의 바구니 무늬뜨기는 세길긴뜨기 앞걸어뜨기를 교차해 만든다.
뜨지 않고 건너뛰는 코를 두고, 뜨개코를 비스듬하게 하면 앞뒤로 겹치는 무늬가 만들어진다.

작품 > P. 29

Swatch

Pattern

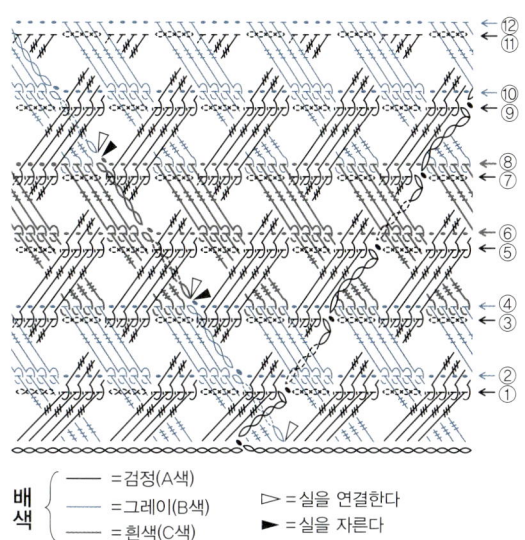

배색
— = 검정(A색)
— = 그레이(B색)
— = 흰색(C색)

▷ = 실을 연결한다
► = 실을 자른다

Point Lesson

※과정은 A색은 블루, B색은 베이지, C색은 핑크로 설명한다.

1
1단은 A색으로 도안대로 뜨고 코를 쉬게 한다(코에서 바늘을 빼낸 뒤 마커를 걸어둔다).

2
2단은 1단을 정면에 두고 시작코의 지정된 위치의 사슬코 산을 주워서 B색을 연결. 사슬 5코(기둥코)를 뜨고, 바늘에 3번 실을 감아 시작코에 세길긴뜨기를 3코 뜬다.

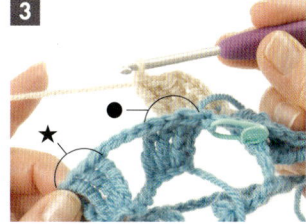

3
●의 4코는 건너뛰고 ★의 4코에 빼뜨기를 한다.

4
바늘에 실을 3번 감고 정면으로 잡아, ▲코에 편물의 뒤쪽에서 세길긴뜨기를 4코 뜬다.

5
●의 코를 건너뛰었기 때문에 1단의 코가 비스듬해진다.

6
빼뜨기 4코와 세길긴뜨기 4코를 도안대로 반복해서 뜬다. 1단의 코와 실은 정면 쪽에서 쉬게 하고 ●의 4코에 빼뜨기한다.

7
2단 끝의 빼뜨기는 1단과 사이에서 2단의 기둥코 다섯째 코를 정면으로 당겨 빼뜨기를 하고, 코를 쉬게 한다.

8
3단은 1단의 코(1에서 쉬게 둔 코)에 바늘을 다시 넣고, 사슬 5코(기둥코)를 뜨고 나서 바늘에 실을 3번 감아,

9

1단의 코를 주워서 도안대로 떠나간다. 2단 코와 실은 정면으로 오게 해서 쉬게 한다.

10

3단 끝코를 쉬게 한다.

11

4단은 **7**의 코에 바늘을 다시 걸고, 사슬 5코(기둥코)를 뜬다. 바늘에 실을 3번 감고,

12

2단 코에 세길긴뜨기 앞걸어뜨기를 3코 뜬다.

13

3과 같이 **12**의 ●코를 건너뛰고, 3단의 지정한 코(**12**의 ★) 뒤쪽의 반 코를 주워서 빼뜨기를 4코 뜬다.

14

도안대로 마지막까지 뜨고, 배색실(B색)은 잘라 실을 정리한다.

15

10의 코에 바늘을 다시 걸어 5단을 도안대로 뜬다.

16

마지막 코에 마커를 걸어서 쉬게 한다.

17

6단은 5단을 앞쪽으로 눕혀 4단 기둥코 다섯째 사슬에 C색을 걸어서,

18

도안대로 4단에 세길긴뜨기 앞걸어뜨기를 뜬다.

19

이어서 **3**과 동일하게 ●의 4코는 건너뛰고, 4단의 지정한 코(★) 머리의 뒤쪽 반 코를 주워서,

20

빼뜨기를 4코 뜬다. 이어서 바늘에 실을 3번 감아,

21

5단 코를 앞으로 눕히고, 4단에 세길긴뜨기 앞걸어뜨기를 한다.

22

세길긴뜨기 앞걸어뜨기를 4코 뜬 모습.

23

계속해서 5단의 지정한 코 머리 뒤쪽 반 코를 주워서 빼뜨기를 4코 뜬다.

24

도안대로 뜬다. 6단 끝의 빼뜨기는 **7**과 동일하게 5단 사이로 6단 기둥코 다섯째 사슬을 정면으로 빼서 빼뜨기. 7, 8단은 **8~14**와 동일.

Basket Weave Crochet 2 ‖ 바구니 무늬뜨기 2

O

누구나 탐내는
모노톤 백

바구니 무늬는 강약이 있는
배색이 제격이다.
검정과 그레이가 교차하는 사이에
흰색을 배치해
경쾌하면서도 자연스러운 느낌이다.

Design 하시모토 마유코
Yarn 하마나카 아메리 에프《합태》
How to make > P. 76

Puff Stitch ‖ 퍼프 스티치

P

편물의 두께감을 살린
사각 방석

퍼프 스티치의 두께감을 살려서 1장으로 완성하는 방석.
2단씩 색을 바꿔가며 뜨면
땋은 머리 같은 재미있는 무늬가 나온다.
뜨개 시작코를 너무 조여서
뜨지 않도록 주의한다.

Design 가제코보
Yarn 하마나카 소노모노 알파카 울
How to make > P. 80

Q

심플한데 제일 예뻐!
원 핸들 백

퍼프 스티치의 입체적인 텍스처가
인상적인 진한 네이비 가방.
본체의 존재감에 어울리는 두툼한 원 핸들로 연출해
실루엣이 깔끔하다.

Design 가제코보
Yarn DARUMA 체비엇 울
How to make > P. 78

Puff Stitch ∥ 퍼프 스티치

Cross Stitch

크로스 스티치

완전히 새로운 짧은뜨기 변형 1탄. 기본은 일반적인 짧은뜨기지만, 실을 빼내는 방법에 차이가 있다.
아래 단에 바늘을 넣은 후, 바늘 끝을 위에서 아래로 움직여 실을 끌어 빼낸다.
이렇게 하면 빼낸 실이 꼬여서 매 코마다 크로스 무늬가 만들어진다.

작품 > P. 34

Swatch

Pattern

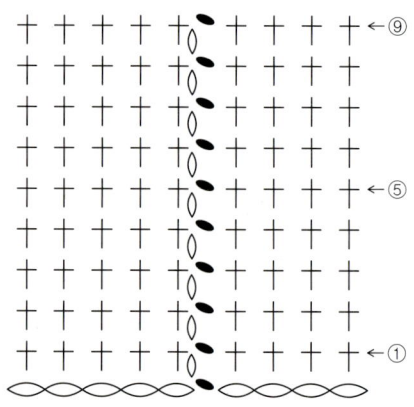

※실을 빼내는 방법은 Point Lesson 참조

Point Lesson

1

사슬로 시작코를 만들고 빼뜨기로 원을 만든 다음 사슬 1코로 기둥코를 올린다.

2 바늘을 위에서 건다

시작코의 사슬코 산에 바늘을 넣어서 바늘 끝을 위에서 아래로 움직이며 실을 걸어 그대로 빼낸다.

3 바늘을 아래에서 건다

다시 바늘에 실을 걸어서 빼내 짧은뜨기를 한다.

4

2단부터는 아래 단의 짧은뜨기 머리에 바늘을 넣어 2, 3과 동일하게 바늘을 움직이며 짧은뜨기를 한다. 필요한 단수만큼 뜬다.

Zoom in

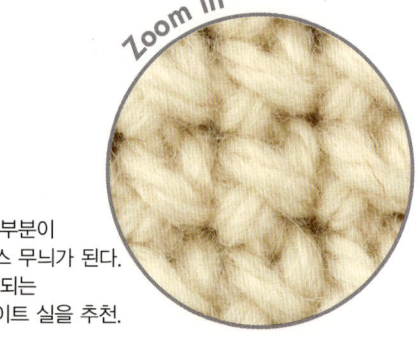

짧은뜨기 다리 부분이 교차하며 크로스 무늬가 된다. 무늬가 잘 표현되는 두꺼운 스트레이트 실을 추천.

Spiral Stitch
스파이럴 스티치

완전히 새로운 짧은뜨기 변형 2탄. 기본은 일반적인 짧은뜨기지만, 아래 단의 코를 줍는 방법에 차이가 있다.
기둥코의 사슬코를 뜨고 나서, 아래 단 코의 머리 앞쪽 반 코와 다리 1가닥을 주워서 바늘을 넣어 짧은뜨기를 한다.
이것을 계속해서 뜨면 어느새 신기하게도 편물이 점점 나선을 그리게 된다.

기법 제안／Betibettin
작품 > P. 35

Swatch   Pattern

A   B   A   B

Point Lesson

스파이럴 스티치 A (사슬 1코와 짧은뜨기 반복)

 **1**
 **2**
 **3**
 **4**

1 사슬 1코로 시작코를 만들고, 기둥코로 사슬 1코를 뜨고 짧은뜨기를 1코 뜬다.

2 사슬 1코로 기둥코를 올리고, 아래 단의 짧은뜨기 머리의 앞쪽 반 코와 다리 1가닥에 바늘을 넣고,

3 실을 걸어 빼낸 뒤 짧은뜨기를 한다.

4 짧은뜨기를 1코 뜬 모습. **2~4**를 반복한다.

스파이럴 스티치 B (사슬 3코와 짧은뜨기 반복)

 **1**
 **2**
 **3**

1 1단 짧은뜨기를 한 후에 사슬 3코를 뜬다. (3코)

2 A의 **2**와 동일하게 아래 단 짧은뜨기에 바늘을 넣어서 실을 빼내고, 다시 바늘에 실을 걸어서 빼뜨기와 짧은뜨기를 한다.

3 가장자리에 프릴이 생긴다. **1~3**을 반복한다. (프릴)

33

Cross Stitch | 크로스 스티치

코가 큼지막하게 나오는 초극태사를 추천. 교차하는 뜨개코 무늬가 잘 보이고, 텍스처가 깔끔하다.

R

익숙한 듯 새로운 데일리 백
사코슈

납작한 주머니에 어깨끈과 태슬을 달았다.
크로스 스티치는 짧은뜨기 다리가 교차하는 뜨개법이다.
심플한 짧은뜨기 편물에 악센트가 생겨난다.

Design 하시모토 마유코
Yarn 하마나카 소노모노 《초극태》
How to make > P. 82

S

코 줍는 위치만 바꿨을 뿐…
팔찌·귀걸이·반지

1년 내내 사용할 수 있는 액세서리 3종 세트.
가는 레이스 실로 섬세한 나선형 무늬를 만들었다.
광택이 있는 실크 실이라 고급스럽다.

Technic　Betibettin
Yarn　DARUMA 실크 레이스 실 #30
How to make > P. 84

팔찌는 스파이럴 스티치 A, B 2가닥이다.

Star Stitch
스타 스티치

마지막 단을 뜨기 전까지는 사슬 고리가 많고 너비가 넓다.
이 상태에서 고리를 교차해 별 모양을 만든다. 편물의 너비도 잘록하게 슬림해진다.

작품 > P. 38, 39

Swatch

Pattern

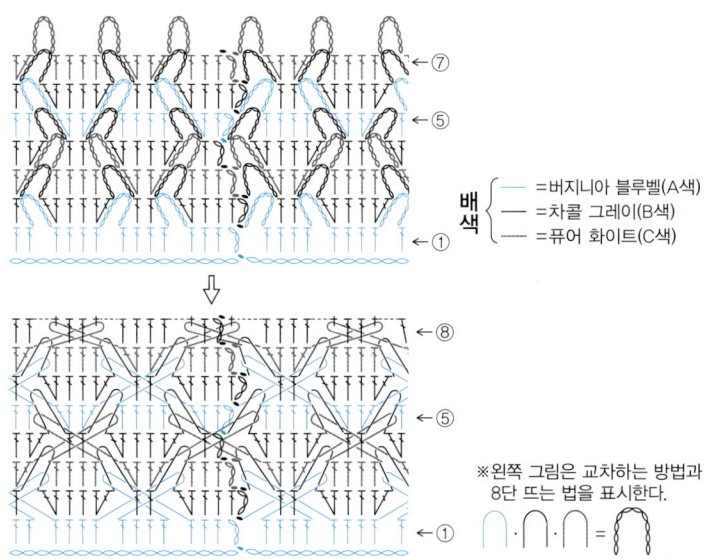

Point Lesson

※과정은 A색 블루, B색 갈색, C색 베이지로 뜬 부분 모티브로 설명한다.

1

도안대로 7단까지 뜬다. 7단 마지막 빼뜨기는 8단의 실로 하고, 마커를 걸어서 코를 쉬게 한다.

2

1단의 사슬뜨기한 고리를 교차하듯이 왼쪽 고리(▲)에서 오른쪽 고리(●)에 바늘을 넣어서 빼낸다.

3

빼낸 모습.

4

다음은 2단 고리(■)에 바늘을 넣어, **3**의 고리(●)에서 빼낸다.

5

이어서 3단 고리(★)도 2단 고리(■)에서 빼낸다.

6

5의 고리에서 바늘을 빼서 코를 쉬게 한다 (교차한 고리가 풀리지 않도록 마커를 걸어 둔다). 다음은 ▲의 고리, 2단 오른쪽의 고리에 바늘을 넣어,

2단 고리를 빼낸다.

3단 고리도 똑같이 빼낸다.

별 모양 1개가 생겼다. △ 고리를 6에서처럼 마커로 고정해 쉬게 한다. 2~9를 반복해서 1~3단 고리를 모두 빼낸다.

다음으로 3~5단 고리를 빼낸다.

3단 고리(○과 △)를 1단과 동일하게 교차해 빼낸다. 4~9와 같은 요령으로 3단씩 빼내 무늬를 만든다.

모든 고리를 빼낸 모습(교차한 고리가 풀리지 않도록 마커로 고정한다).

마무리 단인 8단은 쉬게 둔 7단 코에 바늘을 다시 걸어, 기둥코 사슬과 한길긴뜨기 1코를 뜬다. 셋째 코는 교차한 왼쪽의 고리에 바늘을 넣어서 실을 빼내고,

짧은뜨기를 뜬다. 이어서 바늘에 실을 걸어.

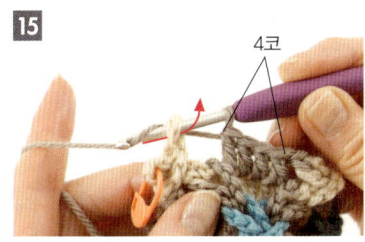

한길긴뜨기를 4코 뜨고, 교차한 오른쪽 고리에 바늘을 넣어서 실을 빼낸 뒤,

짧은뜨기를 한다. 다음 한길긴뜨기 2코는 교차한 고리의 뒤쪽에서 뜬다.

한길긴뜨기 2코를 뜬 모습.

같은 요령으로 도안대로 뜬다.

Star Stitch ‖ 스타 스티치

T

특별해 보이고 싶은 날엔!
니트 모자

브라운 계열 실로 뜬 별무늬 모자.
내추럴한 스타일링에도 잘 어울린다.
마지막 5단에서 코를 줄이고 조이는 것이 포인트.
모자 입구는 안과 겉 걸어뜨기로 해서
고무뜨기 스타일로 연출한다.

Design 하시모토 마유코
Yarn 하마나카 소노모노 알파카 릴리
How to make > P. 88

U

별무늬에 기분까지 업
숄더 스트링 포셰트

차콜 그레이 컬러를 바탕으로
2색 별무늬를 번갈아 배치한 포셰트.
바닥을 가죽으로 대서 코를 줄이지 않고
본체의 스타 스티치만 쭉 떠나가면 된다.
입구의 끈은 마지막 별무늬 안쪽으로 끼운다.

Design 하시모토 마유코
Yarn 하마나카 아메리
How to make > P. 86

Brioche Crochet
브리오슈 뜨기

2색 실을 각각 1단씩 모눈뜨기(방안뜨기)처럼 떠나간다. 앞뒤로 한길긴뜨기의 위치를 1코씩 비켜
아래 단의 사슬코를 감싸 뜨기 때문에 이 코가 세로 라인의 무늬가 된다. 감싸며 떠서 톡톡한 이중 편물로 완성.

작품 > P. 41

Swatch

Pattern
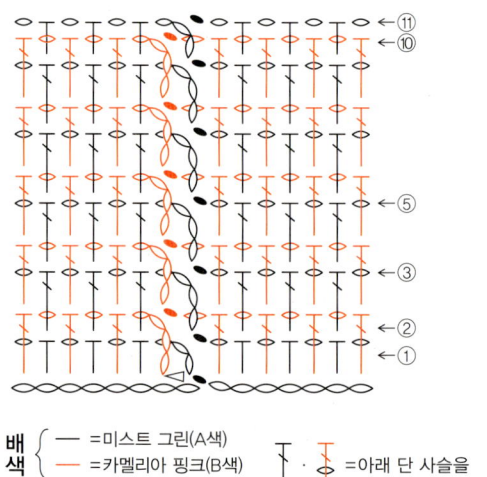

배색 { —=미스트 그린(A색)
      —=카멜리아 핑크(B색)

▷ =실을 연결한다

=아래 단 사슬을 감싸며 한길긴뜨기를 한다

Point Lesson

※과정은 A색 블루, B색 베이지로 설명한다.

1 A색으로 1단을 뜨고 시작코 사슬코 산을 주워서 도안대로 원을 만든다. 3단의 기둥코로 사슬 1코를 뜬 뒤 코를 쉬게 한다.

2 2단은 B색으로 바꿔 잡고, 시작코 둘째 코의 사슬코 산을 주워서 실을 연결한다.

3 그대로 편물의 정면에서 기둥코로 사슬 3코와 다음 사슬 1코를 뜬다.

4 다음 한길긴뜨기는 아래 단의 사슬을 감싸면서 시작코의 사슬코 산을 주워서 뜬다.

5 2단 마지막 빼뜨기는 아래 단에서 쉬게 둔 코를 정면에 놓고 A색을 뒤쪽으로 두고 빼뜨기한다. 사슬 1코를 뜬 뒤 쉬게 한다.

6 3단은 A색으로 바꿔 잡고, 1단에서 쉬게 둔 코에 바늘을 넣어 기둥코로 사슬 2코를 마저 뜨고 다음 사슬 1코를 뜬다.

7 다음 한길긴뜨기는 아래 단에서 쉬게 둔 코를 정면에, B색은 뒤에 두고 2단 아래의 한길긴뜨기에 바늘을 넣어 아래 단의 사슬을 감싸면서 뜬다.

8 도안대로 마지막까지 뜬다. 3단까지 뜬 모습. 이 과정을 반복한다.

Brioche Crochet ‖ 브리오슈 뜨기

도톰한 실로 튼튼하게
뜨개실 정리함

사용하는 실을 담아두는 정리함.
2가지 실로 뜨개코가 겹쳐지는 짜임이라
모양이 똑바로 잡힐 정도로 견고하다.
양면을 모두 사용할 수 있다.

Design 니시무라 도모코
Yarn DARUMA 포클랜드 울
How to make > P. 90

행복 티타임
컵 홀더

선명한 원색이 매력적인 컵 홀더.
테이블 위를 화려하게 꾸며준다.
두께도 도톰해서
촉감과 보온성 모두 만족!

Design 니시무라 도모코
Yarn DARUMA 메리노 스타일 《병태》
How to make > P. 85

Ranran Stitch
란란 스티치

링뜨기의 고리를 차례로 빼내면 큼지막한 사슬 무늬가 줄줄이 만들어진다.
똑바로 빼내면 직선 라인이, 좌우로 틀어서 빼내면 헤링본 스타일 무늬가 생긴다.

작품 > P. 44, 45

Swatch

Pattern

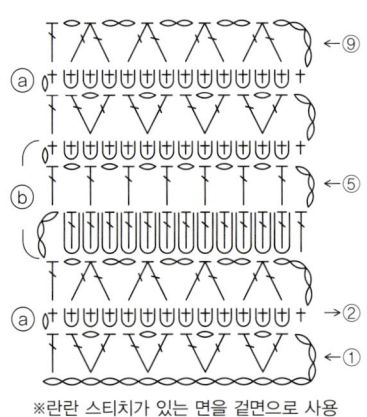

※란란 스티치가 있는 면을 겉면으로 사용

Point Lesson

짧은뜨기 링뜨기

1 1단을 도안대로 뜬다. 2단은 짧은뜨기를 1코 뜨고, 둘째 코는 아래 단에 바늘을 넣은 뒤 왼손 중지를 실 위에 얹어 아래로 누른다.

2 왼손 중지로 실을 누른 채로 실을 걸어서 빼낸다.

3 다시 바늘에 실을 걸어서 빼낸다. 짧은뜨기 링뜨기를 1코 뜬 모습.

4 링에서 중지를 빼고, **1~3**을 반복해서 짧은뜨기 링뜨기를 한다. 끝 코는 짧은뜨기한다. 링은 뒷면에 생긴다(사진은 뒷면).

란란 스티치 ⓐ

5 2단 마지막 코는 마커를 걸어서 쉬게 한다. 링뜨기 고리의 뒤쪽에서 바늘을 넣어 화살표처럼 비튼다.

6 그대로 옆 고리에 바늘을 넣어 처음 고리로 빼낸다.

7 남은 고리를 **6**과 같은 방법으로 빼낸다.

8 끝까지 빼낸 뒤엔 바늘을 빼고 고리가 풀리지 않도록 마커를 걸어서 고정한다. 다시 첫째 고리에 바늘을 넣어서 화살표와 같이 비튼다.

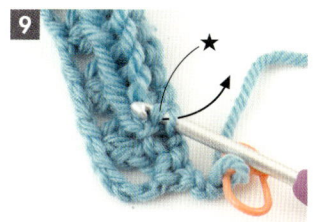

9 한 번 더 빼뜨기한 코의 오른쪽 고리에서 **6~7**을 반복한다.

10 링뜨기 고리에 란란 스티치 ⓐ 완성.

11 **8**에서 쉬게 둔 코에 바늘을 걸어서 뒤에서 고리를 빼낸다.

12 빼낸 고리에 마커를 걸어서 고정해 둔다.

13 **5**에서 마커를 걸었던 2단 코에 바늘을 넣고, 3단을 도안대로 뜬다. 마지막은 바늘에 실을 걸고 아래 단 짧은 뜨기와 **12**에서 마커를 걸었던 고리 순으로 바늘을 넣어,

14 한길긴뜨기를 한다. 3단을 뜬 모습.

한길긴뜨기 링뜨기

15 4단은 사슬 3코로 기둥코를 올리고 바늘에 실을 걸어서 아래 단의 둘째 코 다발에 끼운다. 왼손 중지를 실 위에 얹어 누른다.

16 왼손 중지로 실을 누른 채 사슬에 실을 걸어서 한길긴뜨기 링뜨기를 한다.

17 뒷면에 링이 생겼다. 중지를 빼고 **15~17**을 반복한다. 6단까지 도안대로 뜬다.

란란 스티치 ⓑ

18 6단 마지막 코는 마커를 걸어서 쉬게 한다. **5**와 동일한 요령으로 6단 고리 2개에 뒤쪽에서 바늘을 넣어 비튼다.

19 이어서 4단 고리 2개에 **18**의 화살표와 같이 바늘을 넣어서 빼낸다.

20 다시 6단 고리 2개에 바늘을 넣어서 빼낸다.

21 **19, 20**을 반복한다. 4단과 6단 링뜨기의 고리에 란란 스티치 ⓑ가 생겼다. 교차된 것이 풀리지 않도록 고리에 마커를 걸어둔다.

22 쉬게 둔 6단 코에 바늘을 다시 넣고 7단을 도안대로 뜬다. 마지막에는 바늘에 실을 걸고,

23 아래 단의 짧은뜨기와 마커를 걸어 둔 고리 순으로 바늘을 넣어서,

24 한길긴뜨기를 한다. 란란 스티치가 있는 면을 겉면으로 사용한다.

X

편물을 옆으로 활용한
라인 백

2종의 란란 스티치 편물을 옆으로 돌려
원통형으로 만들면 세로 라인이 생긴다.
손잡이 가장자리를 빙 둘러 빼뜨기를 해서
오래 사용해도 늘어지지 않는다.

Design 기시 무쓰코
Yarn 하마나카 엑시드 울 L 《병태》
How to make > P. 92

Ranran Stitch | 란란 스티치

세련된 북유럽 스타일
그러데이션 모자

원통형으로 떠서 꼭지 부분을 조인
디자인의 니트 모자.
왕복뜨기를 원형으로 떠나가는 것이 포인트이다.
란란 스티치 라인이 가로로 만들어진다.
그러데이션 실로 경쾌한 느낌을 더한다.

Design 기시 무쓰코
Yarn 파피 뮬티코
How to make > P. 94

작품에 사용한 실

단색 스트레이트 실 외에도 그러데이션 실과 폭신한 모헤어 실 등 색과 소재를 잘 조합해 작품을 즐겁게 만들어보자.

※실물 크기 사진.

하마나카

1 하마나카 모헤어
아크릴 65%, 모헤어 35% 기계 세탁 가능한 실. 1타래 25g(약 100m). 전 34색.

2 소노모노《합태》
직모 타입의 뜨기 편한 실. 울 100%. 1타래 40g(약 120m). 전 5색.

3 아메리
탄력성과 보온성이 좋은 메리노 울 혼합 실. 1타래 40g(약 110m). 전 53색.

4 멘즈 클럽 마스터
워셔블 타입에 범용성이 우수한 극태사. 1타래 50g(약 75m). 전 28색.

5 사가
가볍고 부드러운 그러데이션 병태사 부클레 실. 1타래 40g(약 120m). 전 8색.

6 알파카 모헤어 핀
앙고라산양과 파인 알파카를 사용한 병태사. 1타래 25g(약 110m). 전 22색.

7 아메리 에프《합태》
섬세한 모양과 폭신한 입체감을 즐길 수 있는 합태사. 1타래 30g(약 130m). 전 24색.

8 소노모노 알파카 울
울 60%, 알파카 40%의 촉감이 좋은 실. 1타래 40g(약 60m). 전 9색.

9 소노모노《초극태》
스피디하게 떠지는 초극태사. 울 100%. 1타래 40g(약 40m). 전 5색.

10 소노모노 알파카 릴리
유색 양모를 멜란지 톤으로 만든 릴리얀 타입. 1타래 40g(약 120m). 전 5색.

11 엑시드 울 L《병태》
엑스트라 파인 메리노 100% 범용성이 좋은 실. 1타래 40g(약 80m). 전 37색.

파피

1 브리티시 에로이카
멜란지 컬러가 깊이감을 주는, 영국산 양모를 사용한 실. 1타래 50g(약 83m). 전 35색.

2 셰틀랜드
영국산 양모 100% 직모 실. 아름다운 발색이 매력. 1타래 40g(약 90m). 전 35색.

3 프린세스 애니
메리노 방축 울을 100% 사용한 합태사. 1타래 40g(약 112m). 전 35색.

4 퀸 애니
소프트한 탄력과 저광택 발색이 매력인 중간 두께 병태사. 색상이 풍부하다. 1타래 50g(약 97m). 전 55색.

5 키드 모헤어 파인
슈퍼키드 모헤어 극세사. 부드러움과 가벼움이 매력. 1타래 25g(약 225m). 전 28색.

6 보보리
울, 모헤어, 실크가 섞인 합태사. 고급스러운 광택이 매력. 1타래 40g(약 110m). 전 15색.

7 뮬티코
발색이 좋은 그러데이션 컬러가 매력인 병태 타입 로빙 실. 1타래 40g(약 80m). 전 7색.
※사진은 2가닥을 끼운 모습.

DARUMA

1 SASAWASHI
얼룩조릿대를 원료로 한 일본산 종이 실. 발수 가공됨. 1타래 25g(약 48m). 전 15색.

2 손으로 뽑은 듯한 탐사(Soft Tam)
루프얀에 보풀을 낸 탐 원사를 꼬아 합친 실. 1타래 30g(약 58m). 전 15색.

3 체비엇 울
탄성과 팽창감 있는 매우 가벼운 영국산 양모 실. 1타래 50g(약 92m). 전 6색

4 실크 레이스 실 #30
광택과 반질반질한 감촉이 특징인 실크 100% 레이스 실. 1타래 20g(약 148m). 전 19색.

5 포클랜드 울
부드러움과 텐션이 좋은 포클랜드산 울 실. 1타래 50g(약 85m). 전 5색.

6 메리노 스타일《병태》
초보자도 사용하기 쉬운 메리노 울 스트레이트 실. 1타래 40g(약 88m). 전 19색.

제조사
하마나카(ハマナカ株式会社) www.hamanaka.co.jp
파피 사업부(株式会社ダイドーフォワード) www.puppyyarn.com
DARUMA(横田株式会社) www.daruma-ito.co.jp

How to make

사람마다 뜨개질할 때 손의 텐션이 다르다.
작품의 사이즈나 게이지를 참고하면서 자신의 짜임 상태에 맞춰
바늘 호수와 실 분량을 적절히 조절한다.
P. 4~45에서 작품마다 소개한 무늬의
특징이나 뜨는 방법 Point Lesson을 함께 참고하자.

※별도로 지정하지 않은 도안의 일반적인 숫자 단위는 cm이다.
※뜨는 방법의 기초는 P. 97부터 소개하는 베이식 테크닉 가이드를 참조하자.
※사용한 실과 색상은 품절될 수 있다.

A 그래니 백 P.6

재료와 도구

파피 브리티시 에로이카 베이지(200) 135g, 빨강(116)·오렌지색(186) 각 45g, 보라(183) 40g
코바늘 7/0호

게이지

10cm²에 배색 무늬뜨기 18코 16.5단

완성 사이즈

너비 38cm, 깊이 24.5cm

뜨는 법 포인트

- 본체는 사슬 78코로 시작코를 만들고, 배색 무늬뜨기로 70단을 뜬다. 베이지는 실을 자르지 않고 세로로 실을 건너지르고, 빨강, 오렌지색, 보라는 2단마다 실을 자른다.
- 입구는 본체에서 86코 줍고 짧은뜨기로 코를 줄여가면서 6단을 뜬다.
- 옆쪽과 손잡이는 짧은뜨기로 본체와 입구에서 코를 줍고, 이어서 손잡이를 사슬코로 시작코를 만들고, 코를 줄여가며 왕복뜨기로 원을 만든다.

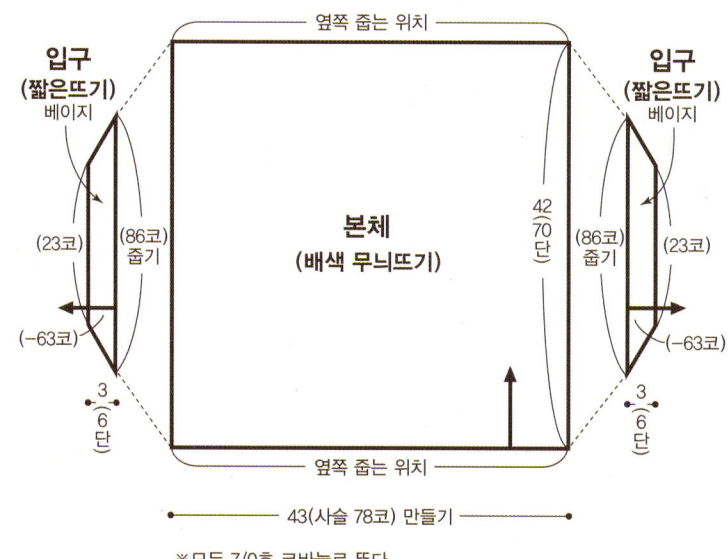

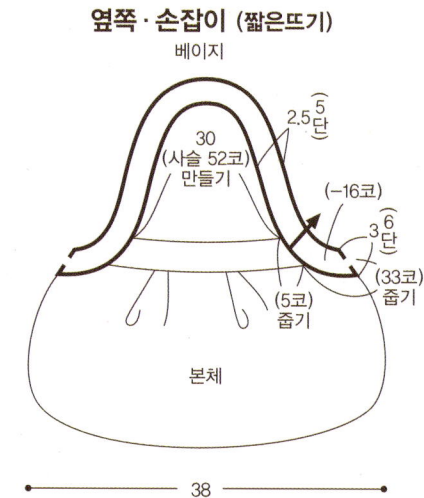

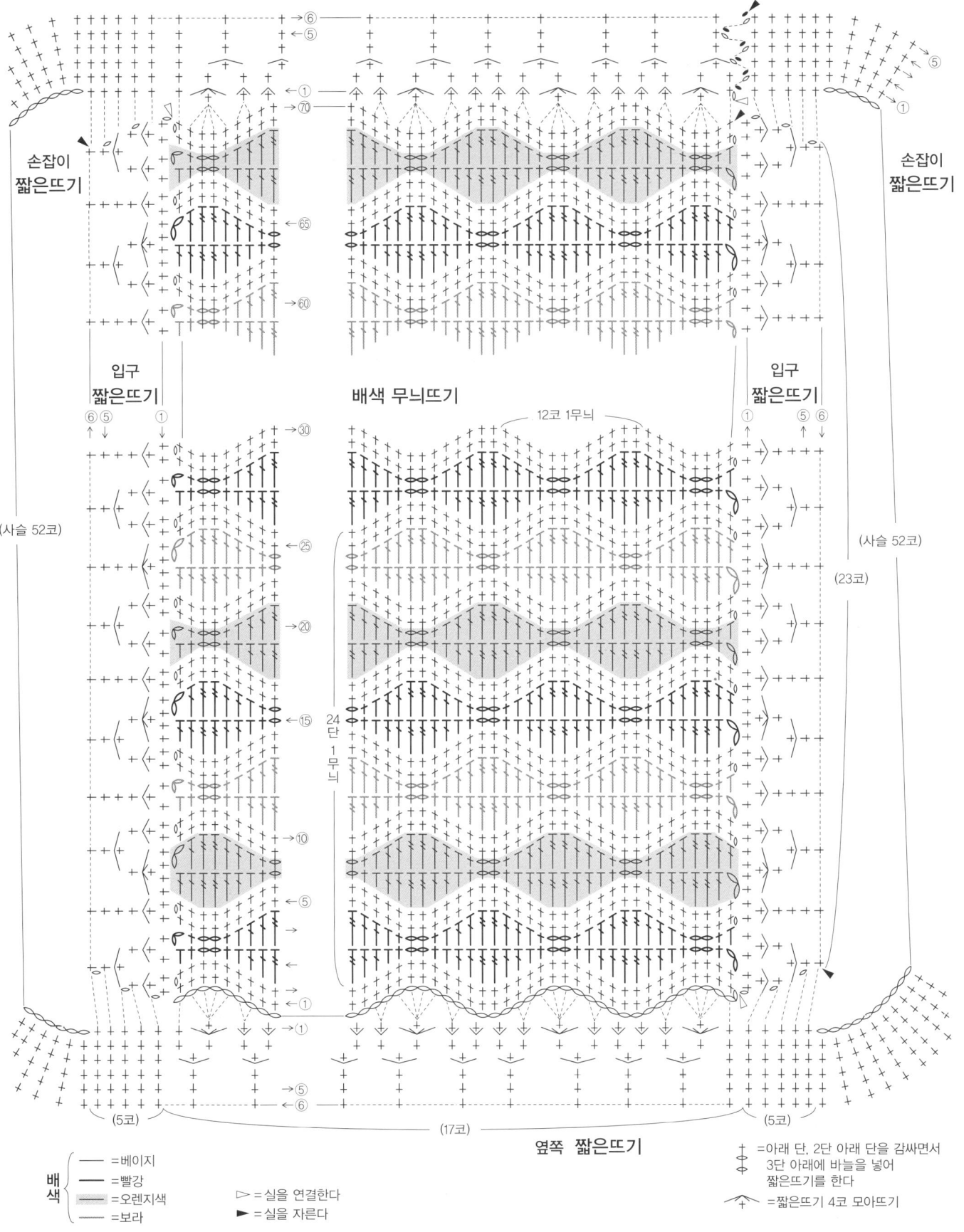

B 클러치 백 P.7

재료와 도구
파피 셰틀랜드 겨자색(2), 진갈색(3) 각 35g, 지름 1.8cm 버튼 1개
코바늘 5/0호

게이지
10cm²에 배색 무늬뜨기 21코 19.5단

완성 사이즈
너비 21cm, 깊이 12cm

뜨는 법 포인트
- 사슬 42코로 시작코를 만들고, 배색 무늬뜨기로 58단을 뜬다.
- 가장자리 둘레는 사슬 6코의 단춧고리를 만들면서 가장자리뜨기 A로 1단을 뜬다.
- 옆판은 지정한 위치에 가장자리뜨기 B를 각 1단씩 뜬다.
- 편물을 접어서 옆판의 안쪽에서 감아 잇기로 연결한다.
- 단추를 달아 완성한다.

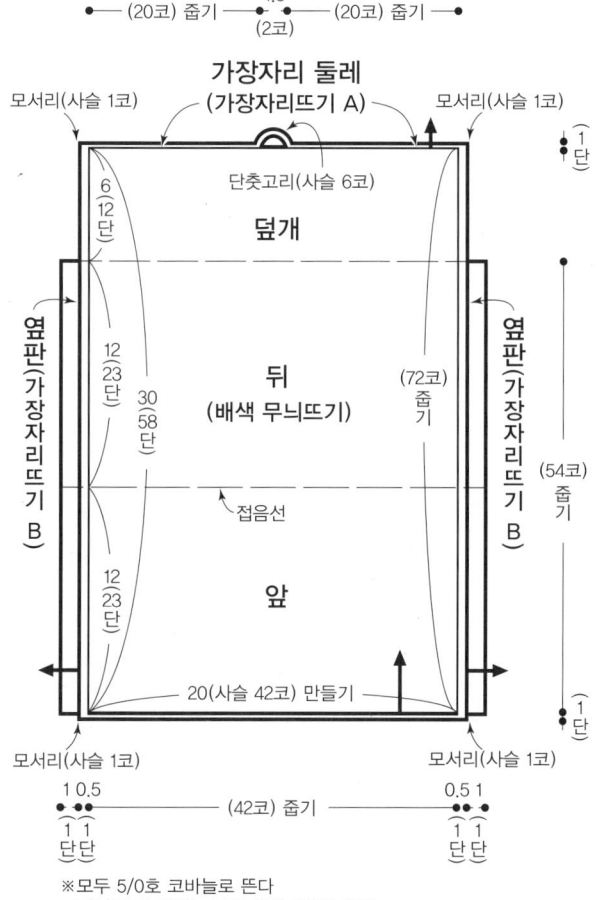

※모두 5/0호 코바늘로 뜬다
※지정된 것 외에는 모두 진갈색으로 뜬다

마무리 방법

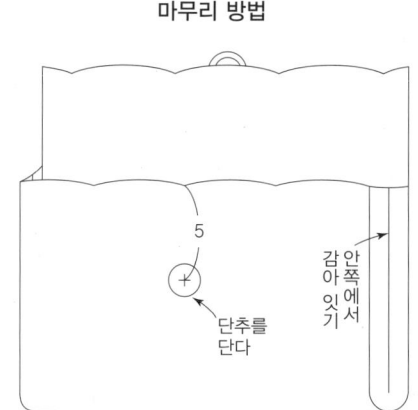

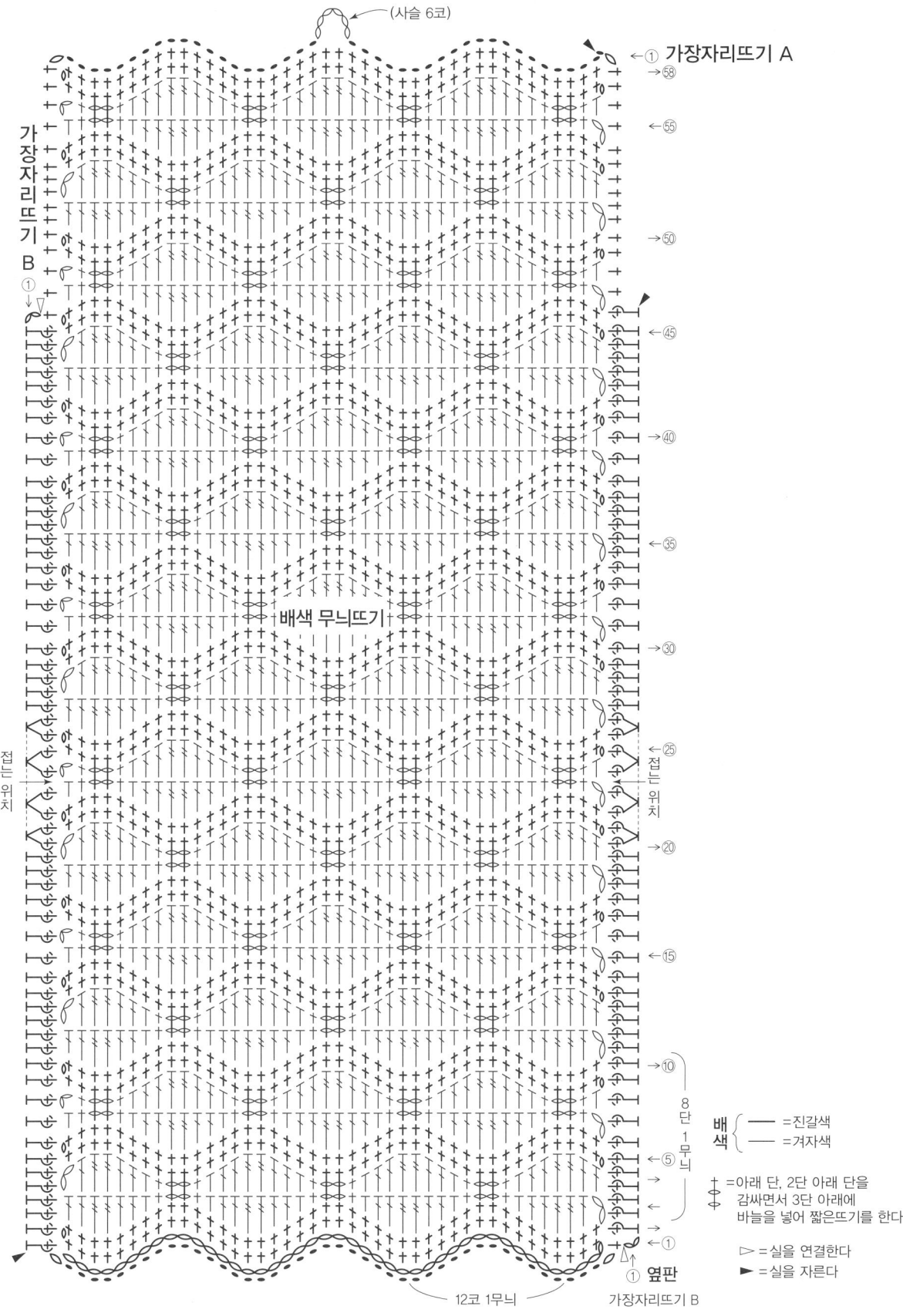

C 프릴 머플러 P.8

재료와 도구
하마나카 하마나카 모헤어 애시 핑크(78), 자연색(11) 각 70g
코바늘 5/0호·4/0호

게이지
배색 무늬뜨기 A, B 모두 무늬 1개가 5.4cm, 10cm에 13단

완성 사이즈
너비 17.5cm, 길이 131cm

뜨는 법 포인트
- 사슬 385코로 시작코를 만들고, 배색 무늬뜨기 A로 12단을 뜬다.
- 시작코에서 코를 주워서 배색 무늬뜨기 B로 11단을 뜬다.
- 양 사이드는 짧은뜨기 1단으로 마무리한다.

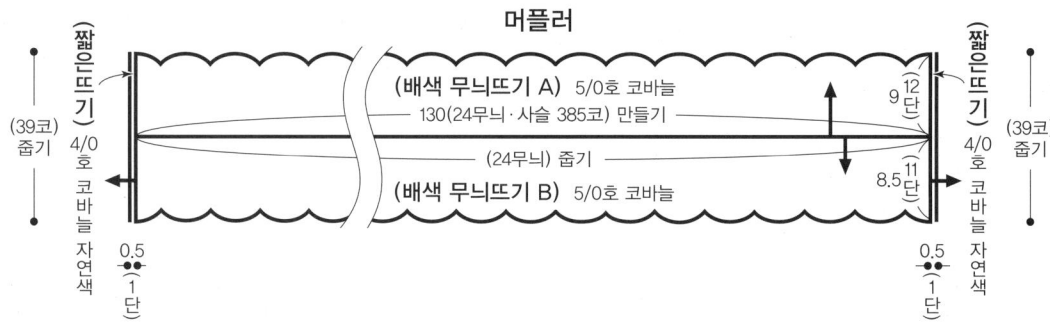

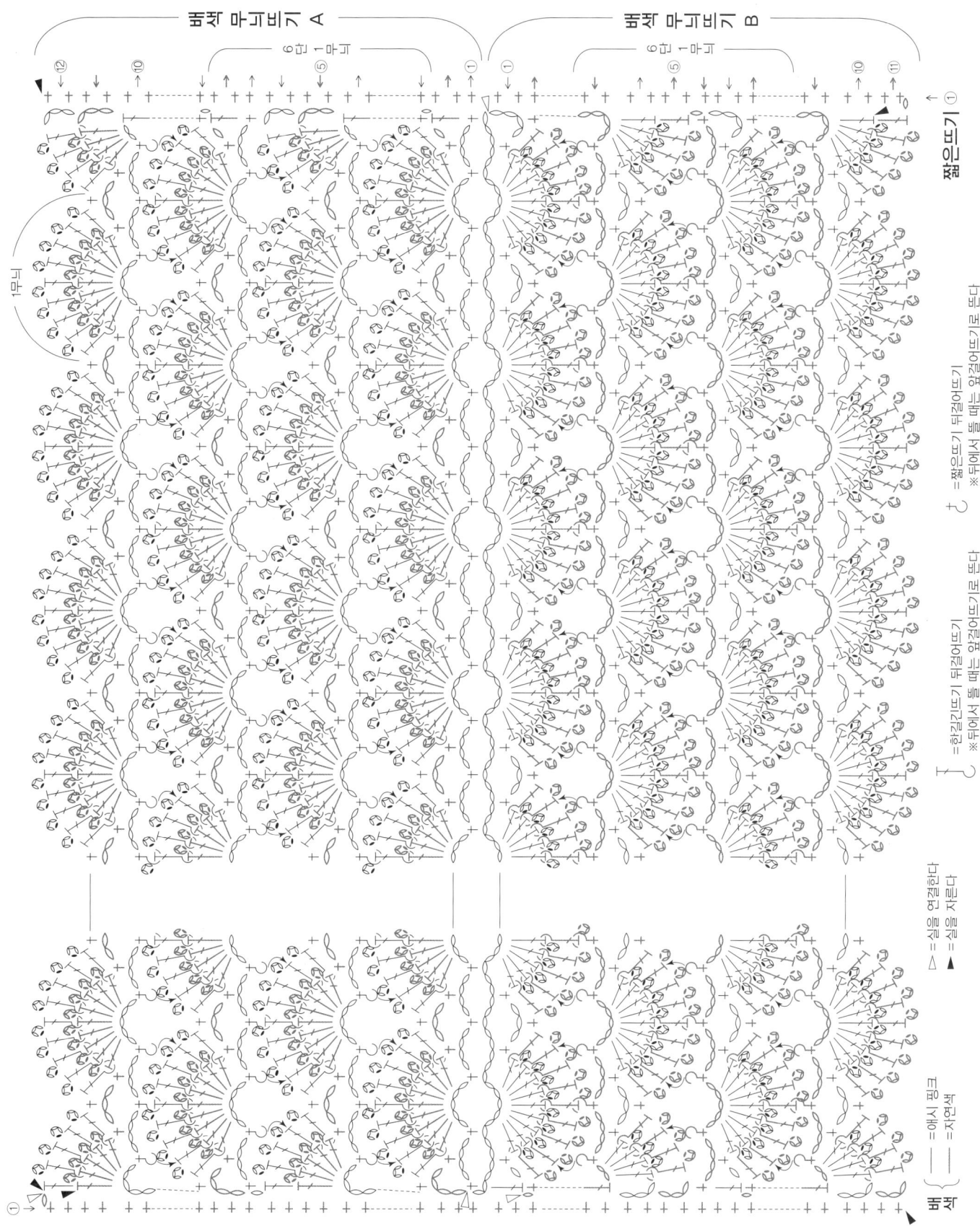

D 핸드 워머 P.9

재료와 도구
하마나카 소노모노 《합태》 진갈색(3) 40g, 연갈색(2) 10g
코바늘 5/0호·4/0호

게이지
10cm²에 무늬뜨기 22코 11단
배색 무늬뜨기는 1개 무늬가 5cm, 5cm에 7단

완성 사이즈
손바닥 둘레 20cm, 길이 17cm

뜨는 법 포인트
- 사슬 44코로 시작코를 만들고, 무늬뜨기로 12단을 뜬다
- 옆쪽은 엄지손가락 트임을 남기고 빼뜨기 사슬 엮기로 연결한다.
- 손목 쪽은 시작코에서 44코 주워서 배색 무늬뜨기를 원통으로 7단 뜬다. 진갈색은 실을 자르지 않고 세로로 건너 넘기고, 연갈색은 1단씩 실을 잘라가면서 뜬다.
- 손끝 쪽은 44코 줍고, 가장자리뜨기를 원통으로 2단 뜬다.
- 엄지손가락 둘레는 짧은뜨기를 1단 떠서 정리한다.

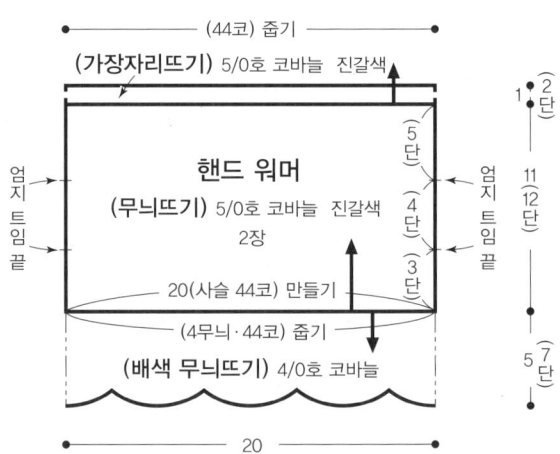

엄지 둘레
(짧은뜨기) 5/0호 코바늘 진갈색

엄지 둘레 뜨는 법과 사슬 엮기

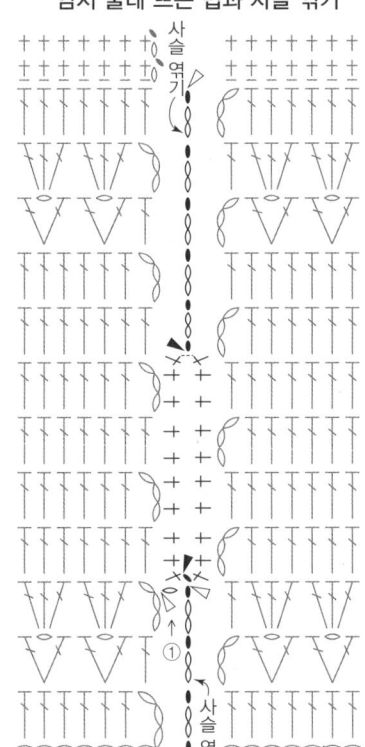

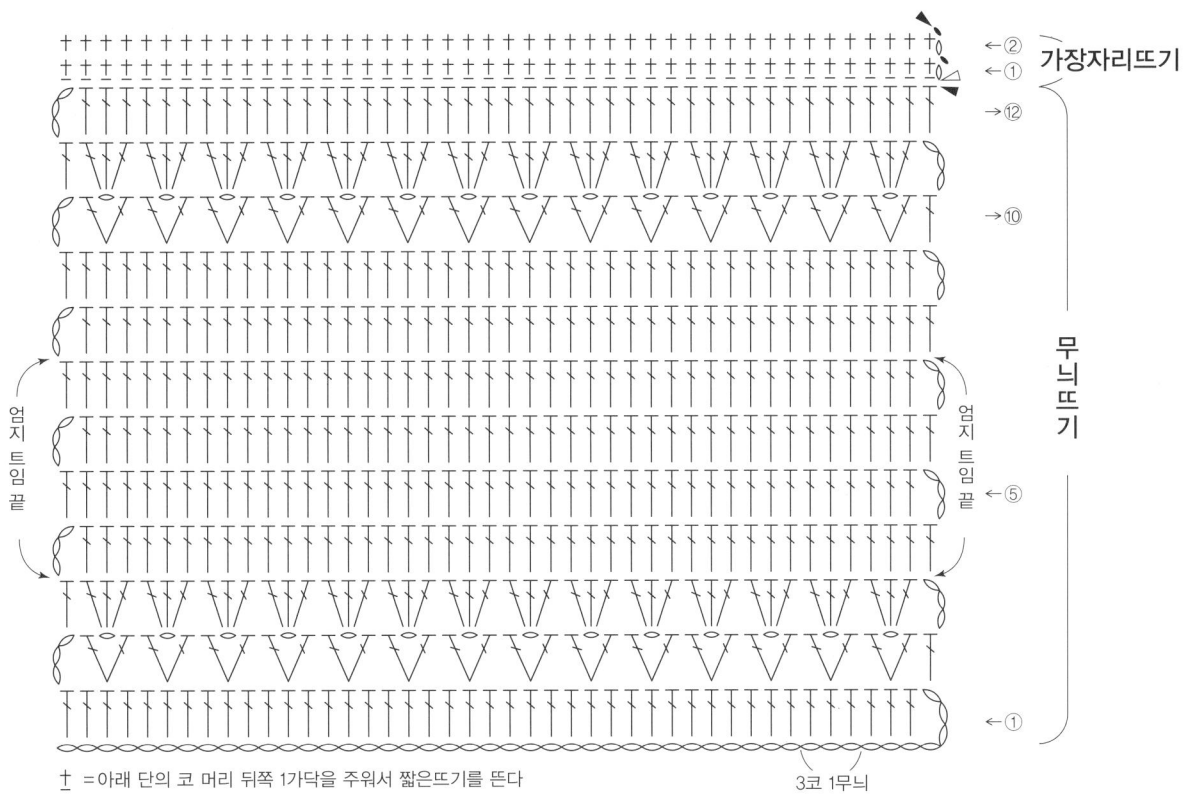

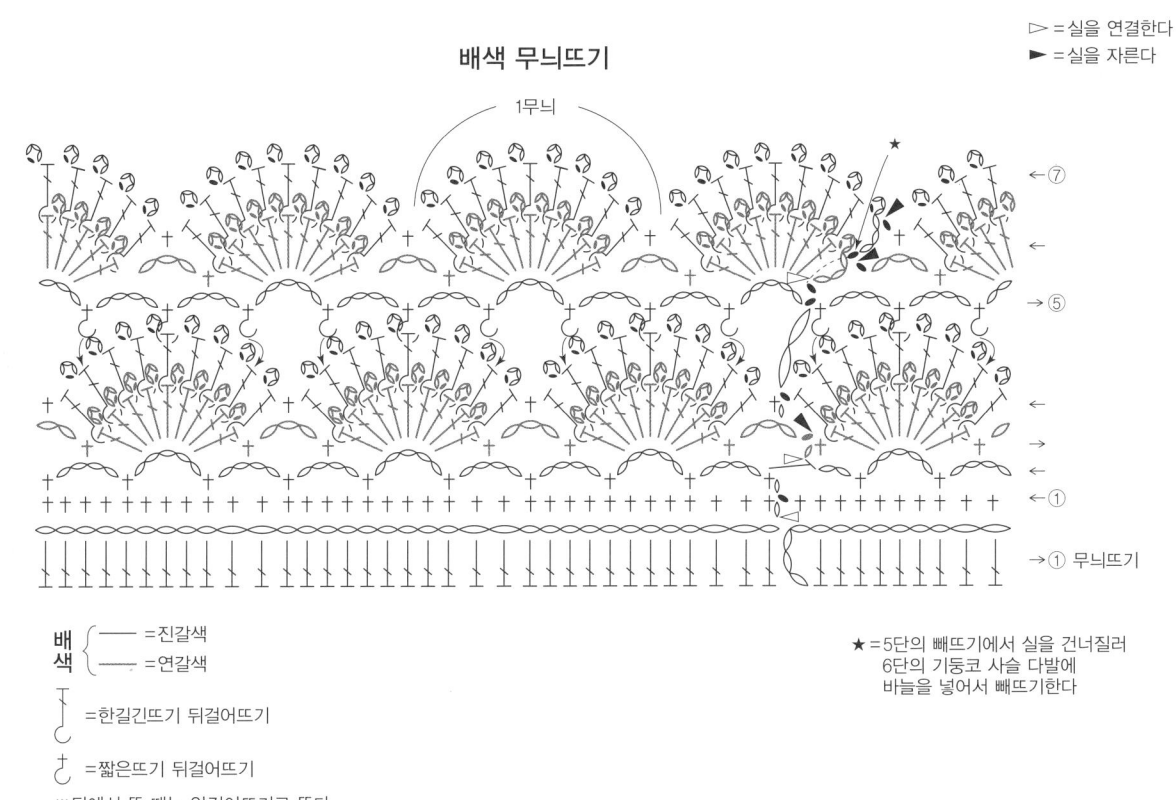

E 납작 가방 P. 10

재료와 도구

DARUMA SASAWASHI 카나리아(16) 125g
코바늘 6/0호·5/0호

게이지

10cm²에 무늬뜨기 16코 6.5단,
짧은뜨기 16코 15단

완성 사이즈

너비 25cm, 깊이 29cm

뜨는 법 포인트

- 사슬 37코로 시작코를 뜨고, 바닥을 무늬뜨기로 1단 뜬다.
- 옆면은 바닥에서 코를 주워 원통으로 18단 왕복 뜨기한다.
- 입구는 짧은뜨기로 3단을 뜬다.
- 손잡이는 지정 위치에 실을 연결해서 코를 줍고, 짧은뜨기로 72단을 뜬다. 손잡이 끝단과 입구의 같은 표식끼리 짧은뜨기 머리를 1가닥씩 주워서 1바퀴 감아 잇기로 연결한다.

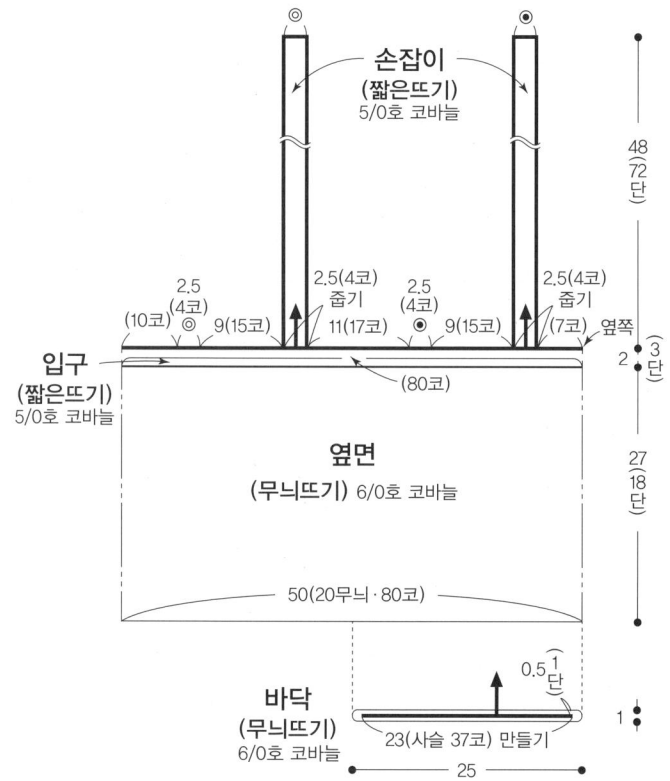

마무리 방법

같은 표식끼리 맞대
짧은뜨기 머리를 겉과 겉,
안과 안 1가닥씩 주워서
1바퀴 감아 잇기한다

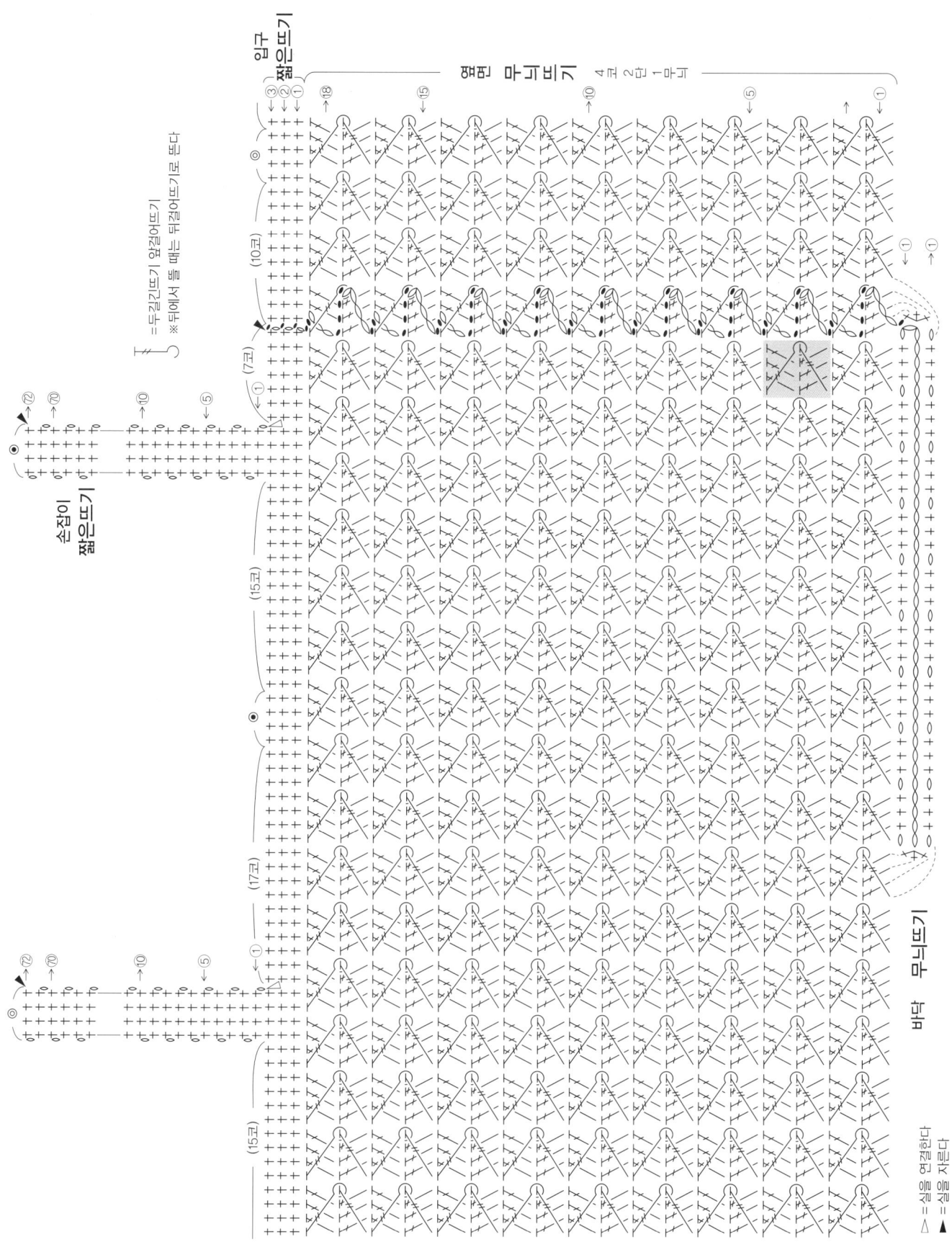

쇼트 스누드 P.11

재료와 도구
DARUMA 손으로 뽑은 듯한 탐사(Soft Tam)
라이트 그레이(10) 70g
코바늘 9/0호·7/0호

게이지
10cm²에 무늬뜨기 14코 7단

완성 사이즈
목둘레 57cm, 길이 19cm

뜨는 법 포인트
- 사슬 80코로 시작코를 만들고, 무늬뜨기를 원통으로 왕복뜨기 13단을 뜬다.
- 이어서 짧은뜨기를 1단 뜬다.

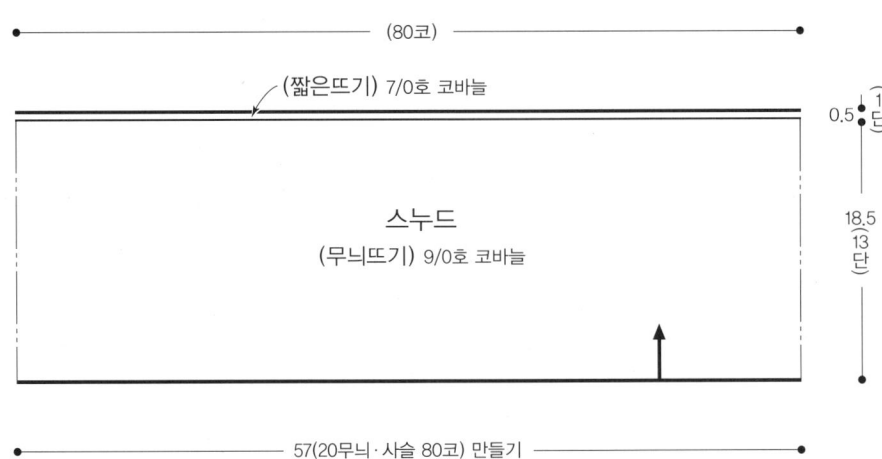

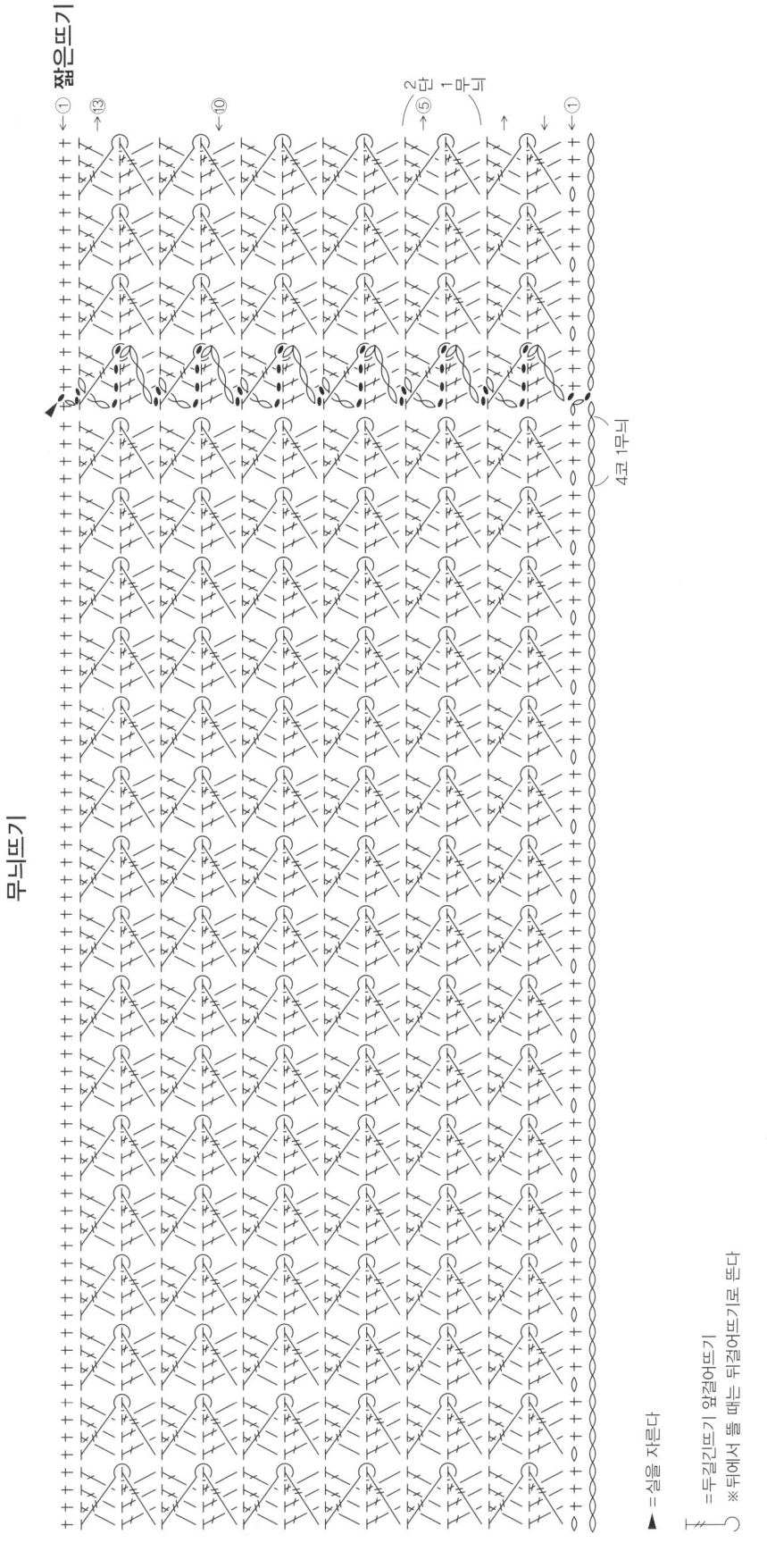

G 지퍼 파우치 P.14

재료와 도구
하마나카 아메리 포레스트 그린(34) 30g, 플럼 레드(32) 20g, 지퍼 14cm 1개
코바늘 5/0호

게이지
10cm²에 짜넣음무늬 18코 11단

완성 사이즈
너비 16.5cm, 깊이 10.5cm

뜨는 법 포인트
- 사슬 24코로 시작코를 만들고, 바닥을 타원으로 무늬뜨기 3단을 뜬다.
- 옆면은 바닥에서 코를 주워, 짜넣음무늬를 원통으로 10단 뜨고, 입구는 가장자리뜨기로 4단을 뜬다.
- 입구 안쪽에 지퍼를 꿰매 단다.

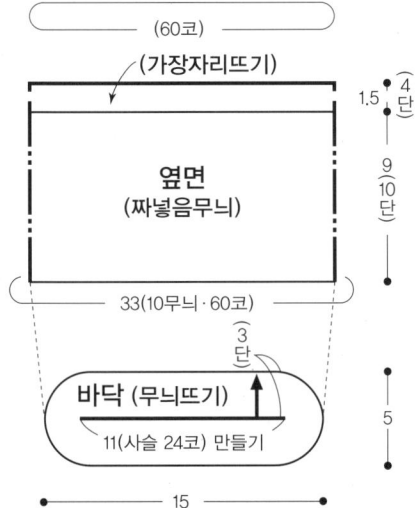

※모두 5/0호 코바늘로 뜬다
※지정된 것 외에는 모두 포레스트 그린으로 뜬다

마무리 방법
지퍼를 꿰매 단다

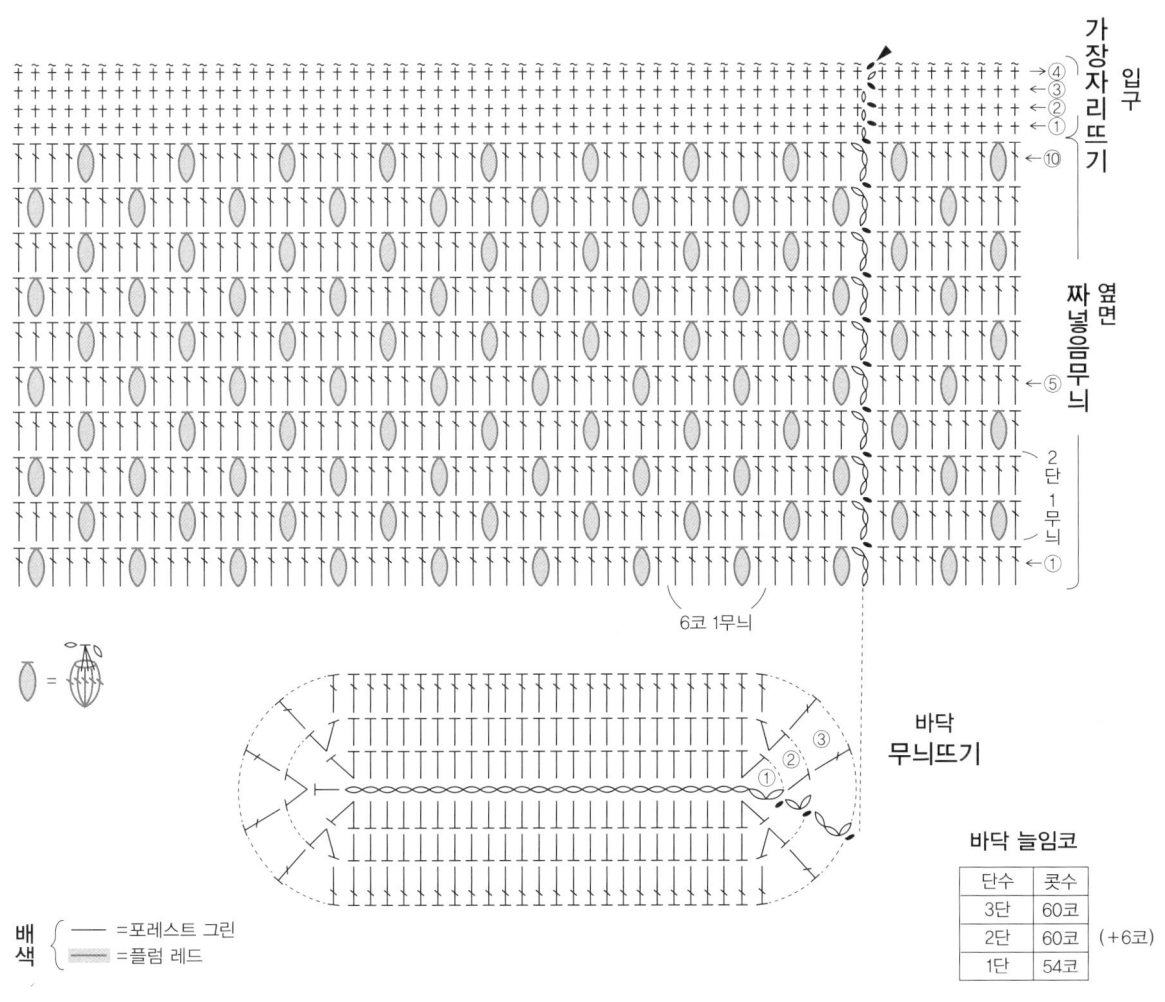

H 원 마일 백 P. 15

재료와 도구

하마나카 멘즈 클럽 마스터 감색(23) 140g, 흰색
(1) 65g
코바늘 7/0호

게이지

10cm²에 짜넣음무늬 15코 8.5단

완성 사이즈

너비 28cm, 깊이 17cm

뜨는 법 포인트

- 바닥은 원형코를 시작코로 해서, 짧은뜨기 17단을 뜬다.
- 이어서 옆면은 바닥에서 코를 주워, 짜넣음무늬로 12단을 원통으로 뜨고, 입구는 가장자리뜨기로 4단을 뜬다.
- 손잡이는 사슬뜨기로 시작코 40코를 만들어, 7단을 뜬다. 반으로 접어서 빼뜨기 잇기를 한다.
- 마무리 방법을 참조해서 손잡이를 입구의 안쪽에서 감침질해 달아준다.

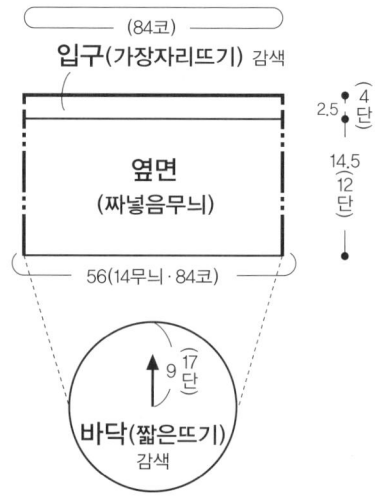

※모두 7/0호 코바늘로 뜬다

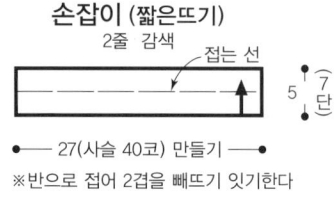

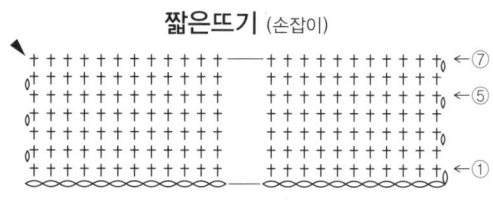

▶ =실을 자른다

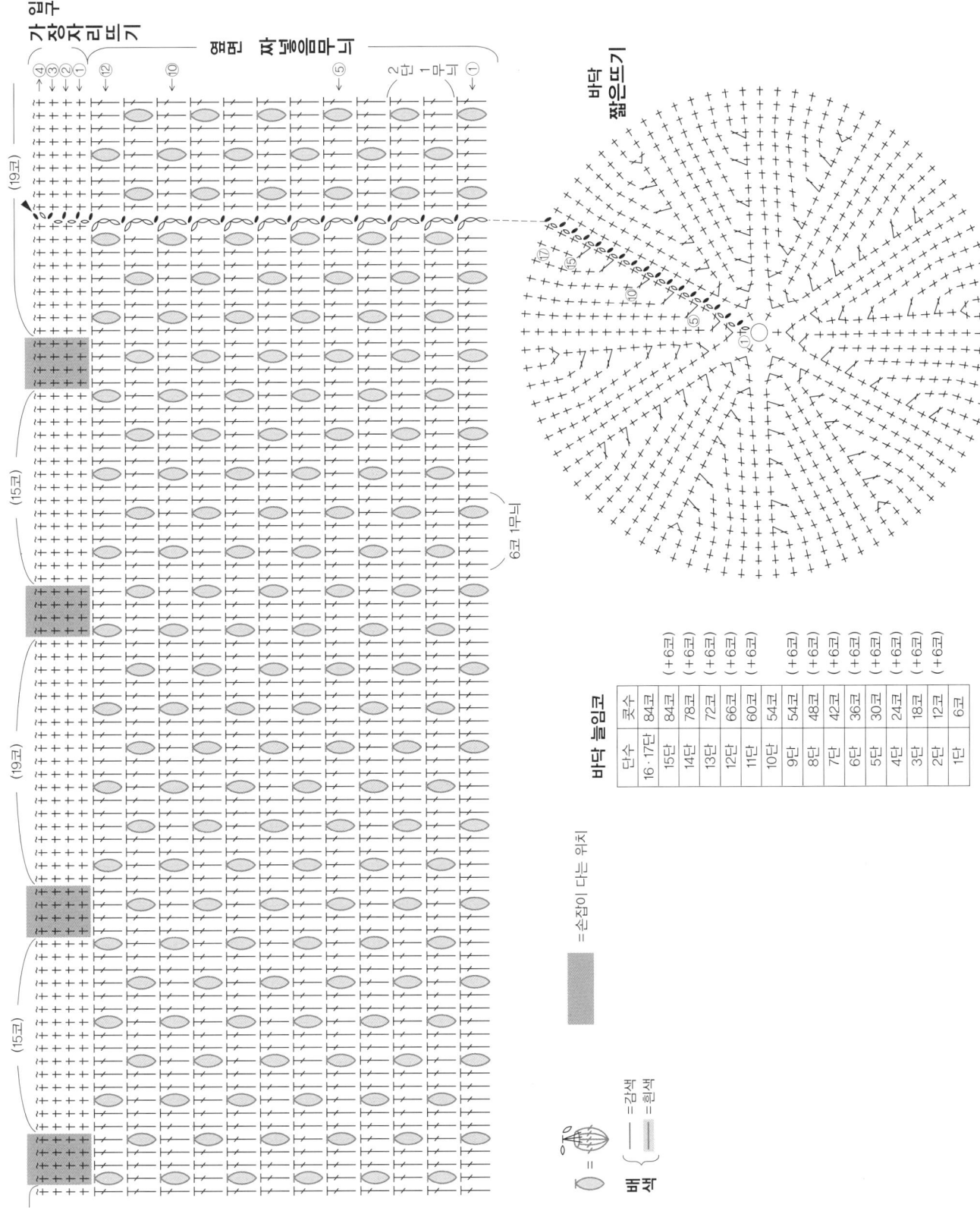

I 롱 스누드 P. 20

재료와 도구
하마나카 사가 녹색·베이지 믹스(1) 감색·갈색 믹스(7) 각 90g
코바늘 7/0호

게이지
배색 무늬뜨기는 1무늬가 3cm, 10cm에 9단

완성 사이즈
목둘레 132cm, 길이 20cm

뜨는 법 포인트
● 사슬 220코로 시작코를 만들고, 배색 무늬뜨기를 원통으로 18단 뜬다. 양면으로 사용이 가능하도록 실은 자르지 않고 각 단의 첫 사슬 3코에 연결해가면서 뜬다.

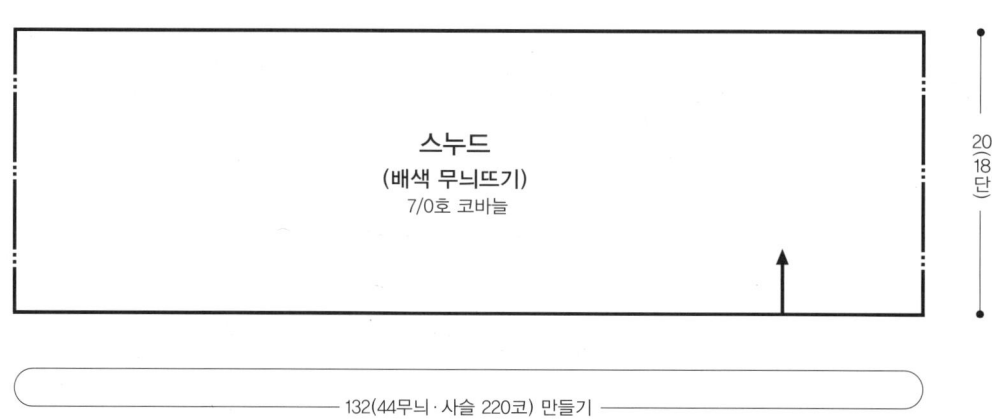

배색 무늬뜨기

배색
- ― = 녹색·베이지 믹스
- ― = 감색·갈색 믹스

▷ = 실을 연결한다
▶ = 실을 자른다

J 스트링 파우치 P.21

재료와 도구
파피 프린세스 애니 진핑크(527) 20g, 핑크(526)·
자연색(547) 각 15g
코바늘 5/0호

게이지
배색 무늬뜨기는 1무늬가 2cm, 10cm에 10단

완성 사이즈
너비 14cm, 깊이 12cm

뜨는 법 포인트
- 사슬 16코로 시작코를 만들고, 바닥은 짧은뜨기 7단을 뜬다.
- 옆면은 바닥에서 코를 주워, 배색 무늬뜨기를 원통으로 12단 뜬다. 짝수 단의 피코를 겉으로 나오게 한다.
- 입구는 핑크로 무늬뜨기를 5단 뜬다. 핑크의 무늬뜨기를 정면에 두고, 핑크 1단에 자연색 실을 연결해서 무늬뜨기를 4단 뜬다.
- 끈을 떠서 지정한 위치에 끼워서 묶는다.

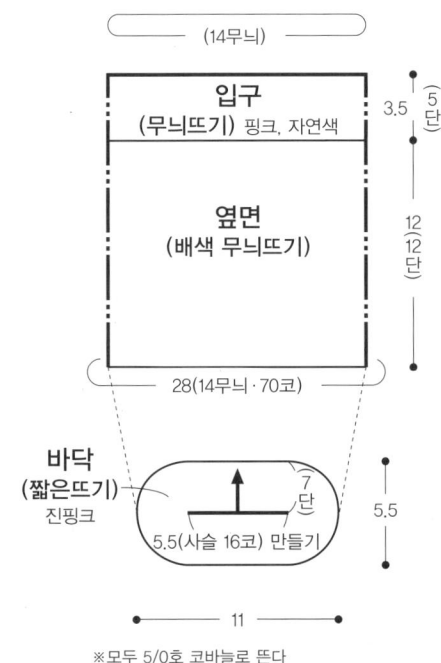

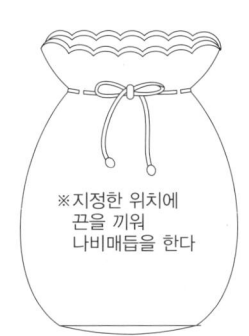

마무리 방법

끈 진핑크
◀—1—— 48(사슬 110코) 만들기 ——1—▶
▶ =실을 자른다

※지정한 위치에
끈을 끼워
나비매듭을 한다

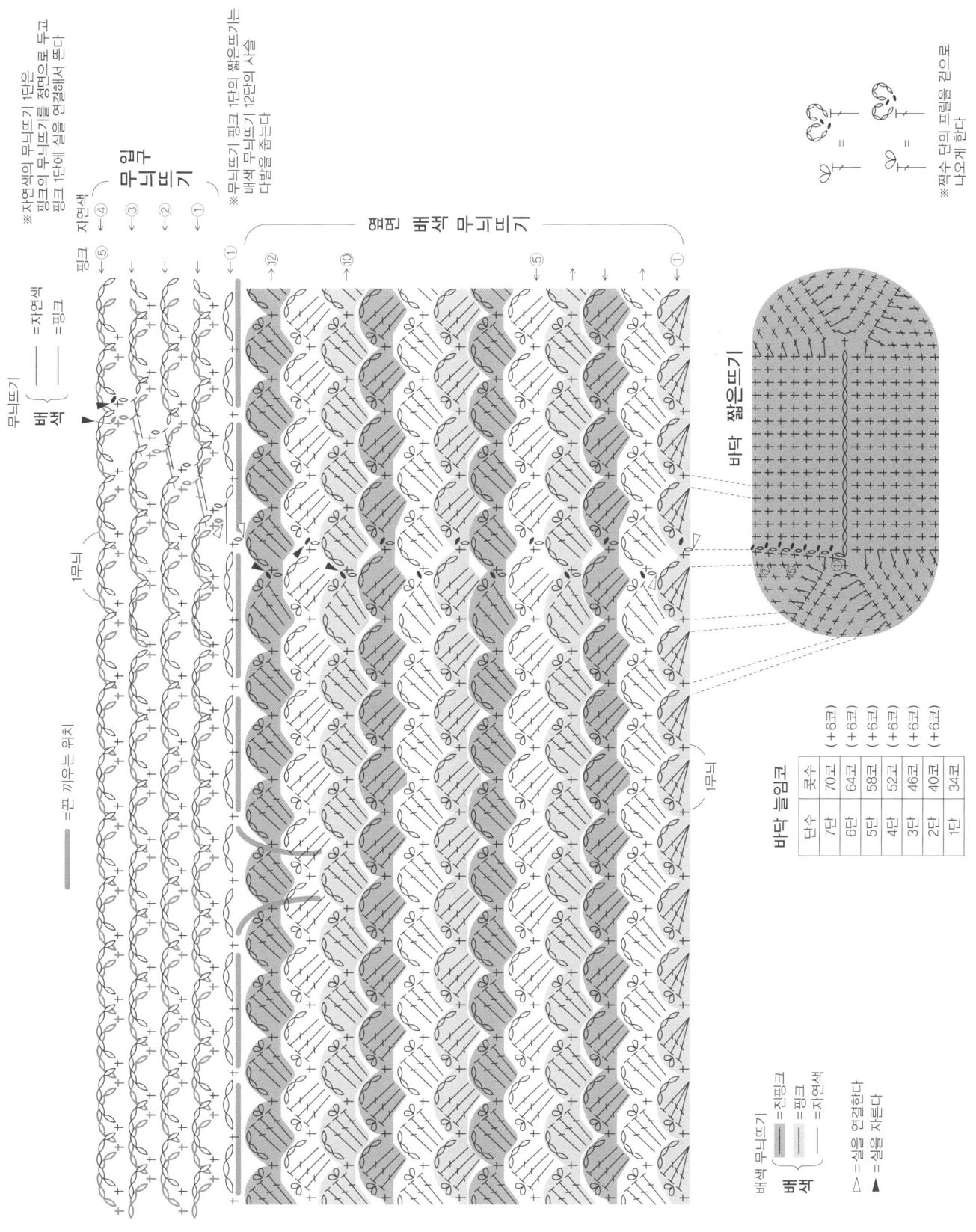

K 모헤어 스누드 P.22

재료와 도구
파피 키드 모헤어 파인 그린(39) 75g
코바늘 7/0호

게이지
무늬뜨기는 1무늬가 9.3cm, 10cm에 8단

완성 사이즈
목둘레 60cm, 길이 24cm

뜨는 법 포인트
- 모두 실을 3가닥으로 뜬다.
- 사슬 91코로 시작코를 만들고, 원통으로 무늬뜨기 18단을 뜬다.
- 이어서 짧은뜨기 1단을 뜬다.
- 시작코에서 코를 주워 짧은뜨기를 둥글게 1단 뜬다.

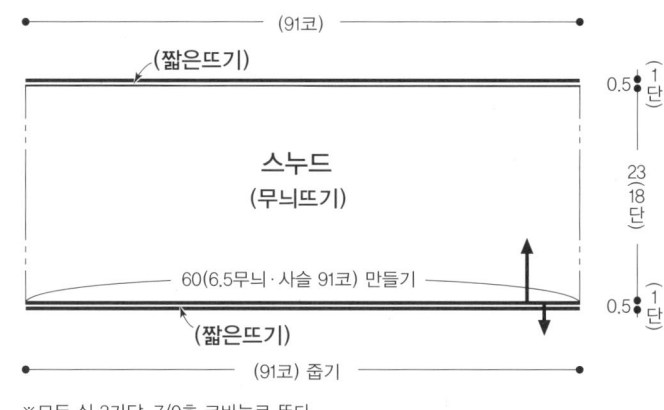

※모두 실 3가닥, 7/0호 코바늘로 뜬다

▷ =실을 연결한다
▶ =실을 자른다

무늬뜨기

⎰ =한길긴뜨기 앞걸어뜨기
⎱ ※뒤에서 뜰 때는 뒤걸어뜨기로 뜬다

L 손목 밴드 P. 23

재료와 도구
파피 퀸 애니 아이보리(880) 50g
코바늘 6/0호

게이지
무늬뜨기는 1무늬가 7.6cm, 10cm에 12단

완성 사이즈
손목 둘레 19cm, 길이 11cm

뜨는 법 포인트
- 사슬 35코로 시작코를 만들고, 무늬뜨기로 12단을 원통으로 뜬다.
- 이어서 짧은뜨기를 1단 뜬다.
- 시작코에서 코를 주워 짧은뜨기를 1단 뜬다.

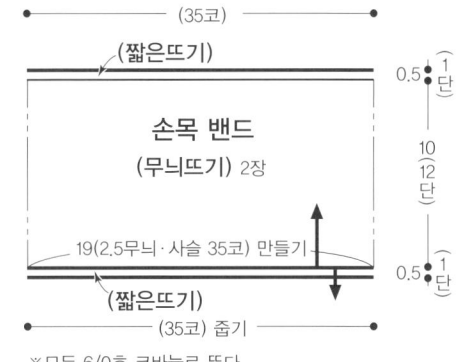

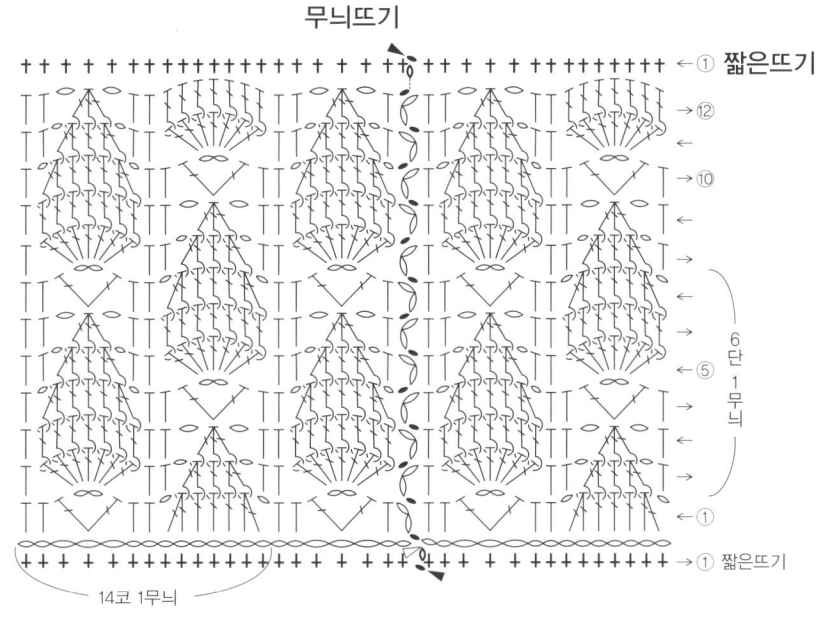

▷ = 실을 연결한다
▶ = 실을 자른다
= 한길긴뜨기 앞걸어뜨기
※뒤에서 뜰 때는 뒤걸어뜨기로 뜬다

M 삼각 숄 P.24

재료와 도구
하마나카 알파카 모헤어 핀 황록색(21) 130g
코바늘 4/0호

게이지
무늬뜨기 A·B 크기는 도안 참조

완성 사이즈
너비 111cm, 길이 51cm

뜨는 법 포인트
- 사슬 7코로 시작코를 만들고, 무늬뜨기 A로 늘임코를 해가면서 20단을 뜬다.
- 무늬뜨기 A, B로 40단을 뜬다.
- 가장자리뜨기 A는 무늬뜨기 A, B에 이어서 1단을 뜬다. 다음은 가장자리뜨기 B를 1단 뜬다.

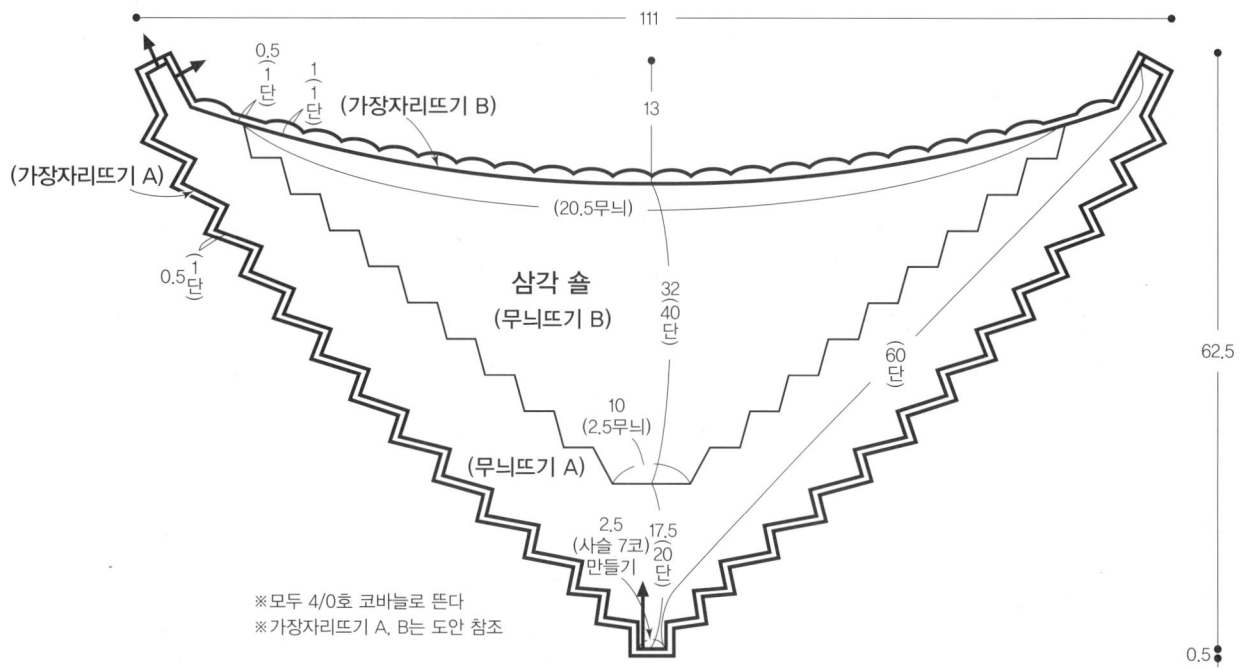

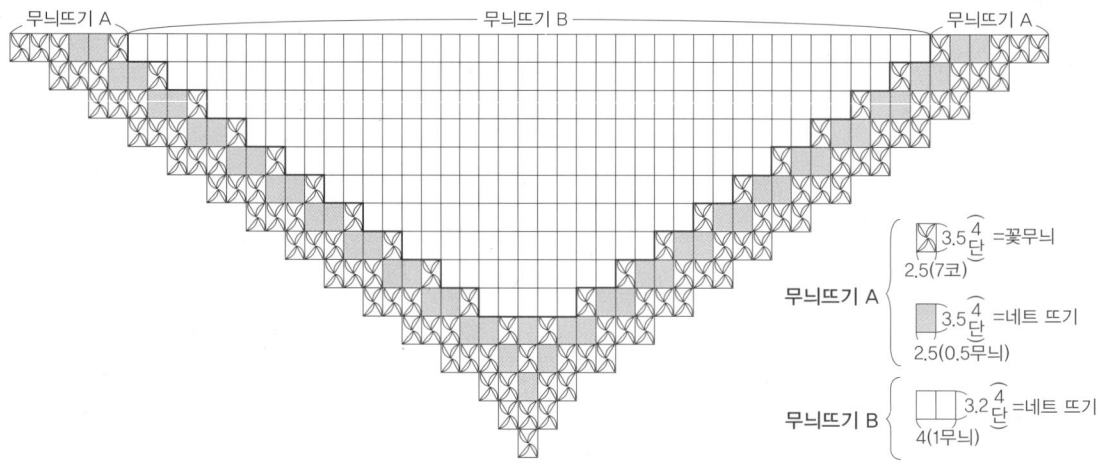

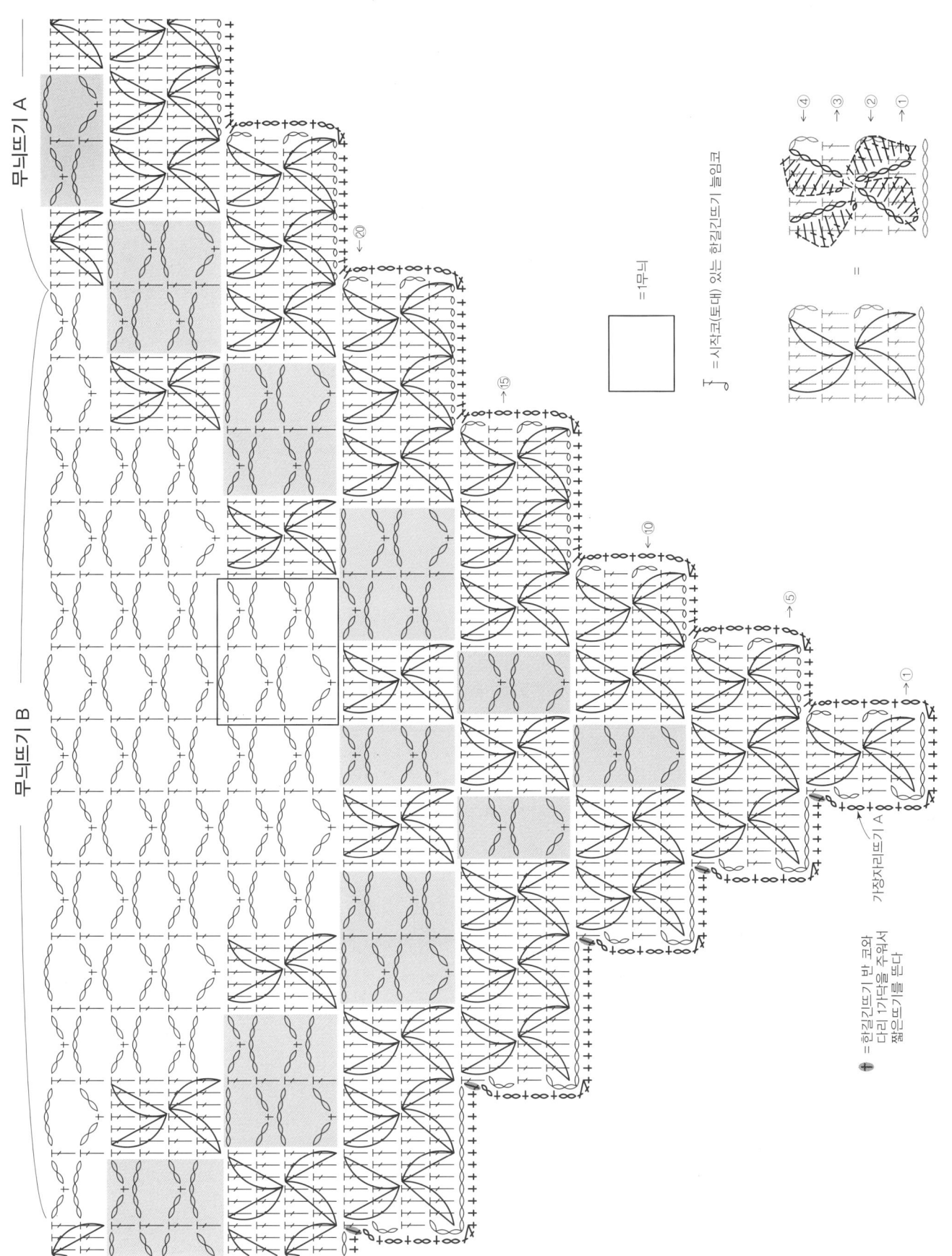

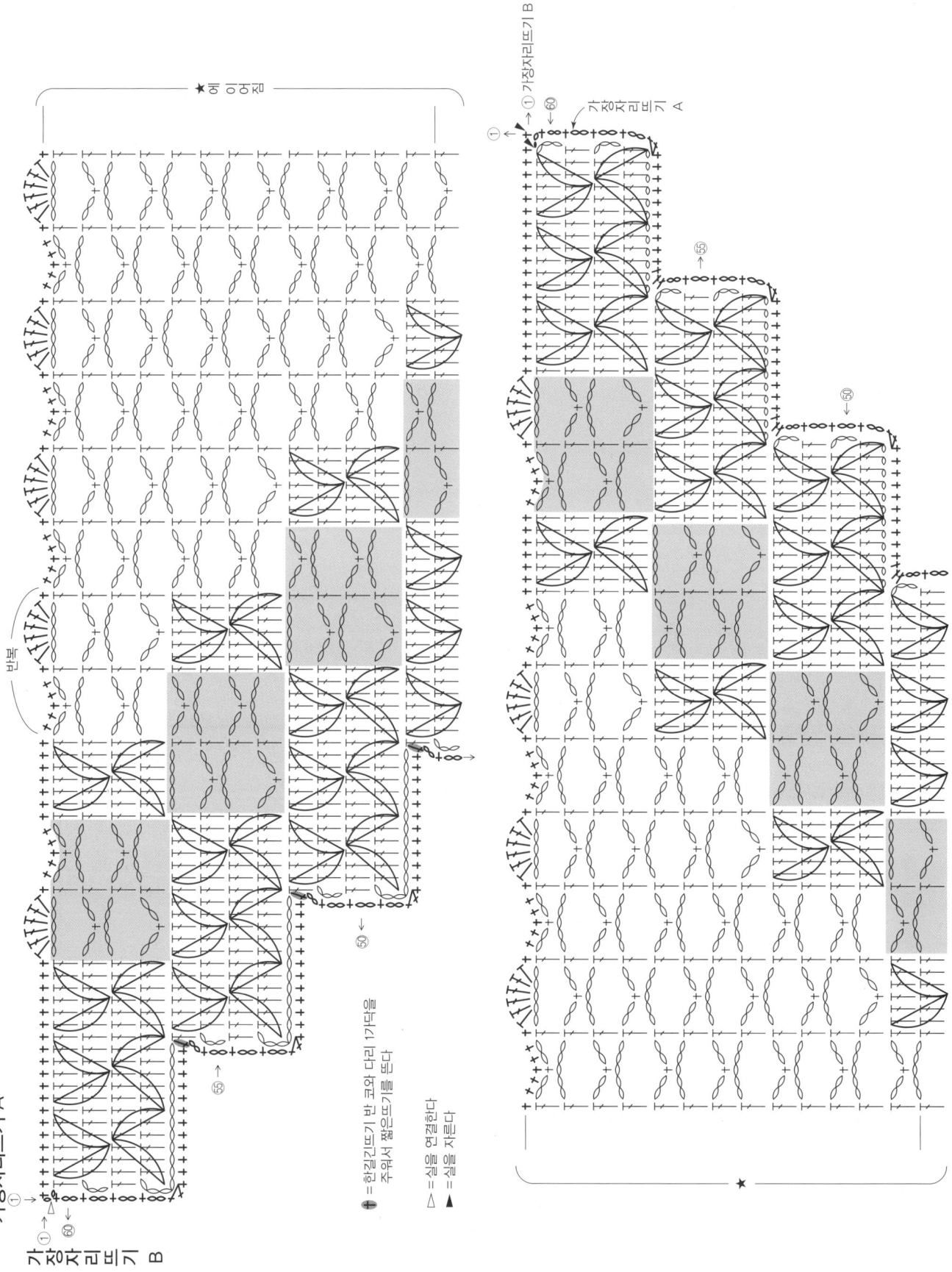

N 블랭킷 P.25

재료와 도구
파피 보보리 자연색(401) 415g
코바늘 5/0호

게이지
10cm²에 무늬뜨기 A·B 모두 22.5코 12단

완성 사이즈
너비 61cm, 길이 73cm

뜨는 법 포인트
- 사슬 137코로 시작코를 만들고, 무늬뜨기 A로 7단을 뜬다.
- 다음 단부터 무늬뜨기 A와 무늬뜨기 B를 배합해서 뜬다. 무늬 경계에서는 사슬 1코를 뜨면서 75단까지 올린다. 무늬뜨기 A와 B 경계의 걸어뜨기는 무늬뜨기 A와 방향이 다르므로 주의한다.
- 무늬 경계에서 사슬을 1코 줄여서 무늬뜨기 A를 5단 뜬다.
- 이어서 빼뜨기를 1단 뜬다.
- 시작코의 사슬 머리를 주워서 빼뜨기를 1단 뜬다.

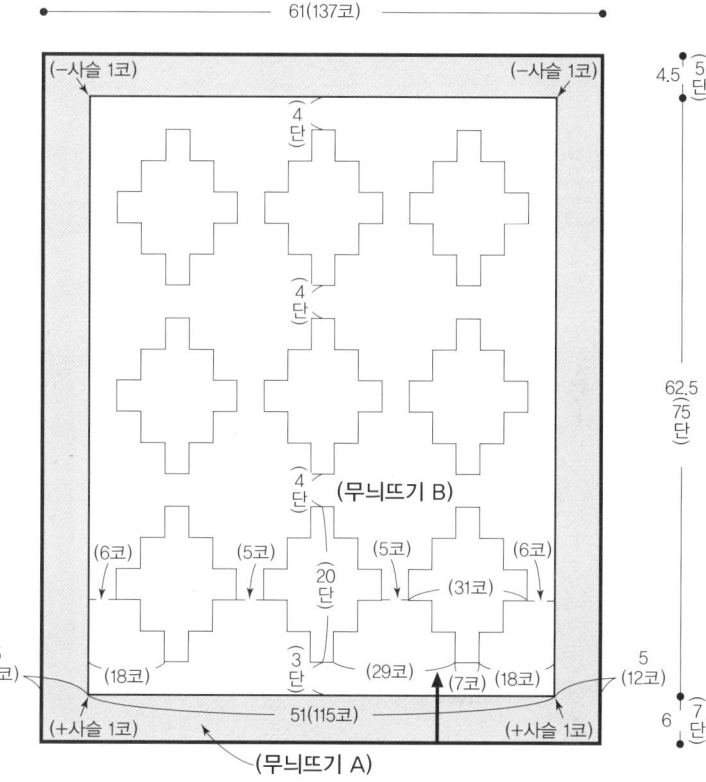

※모두 5/0호 코바늘로 뜬다
※마지막 단과 뜨기 시작 단에 빼뜨기를 한다

무늬뜨기 B 배치도

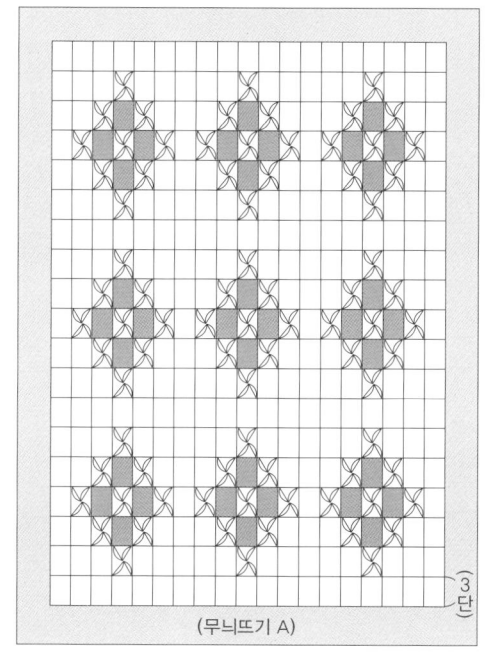

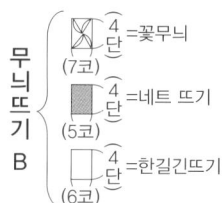

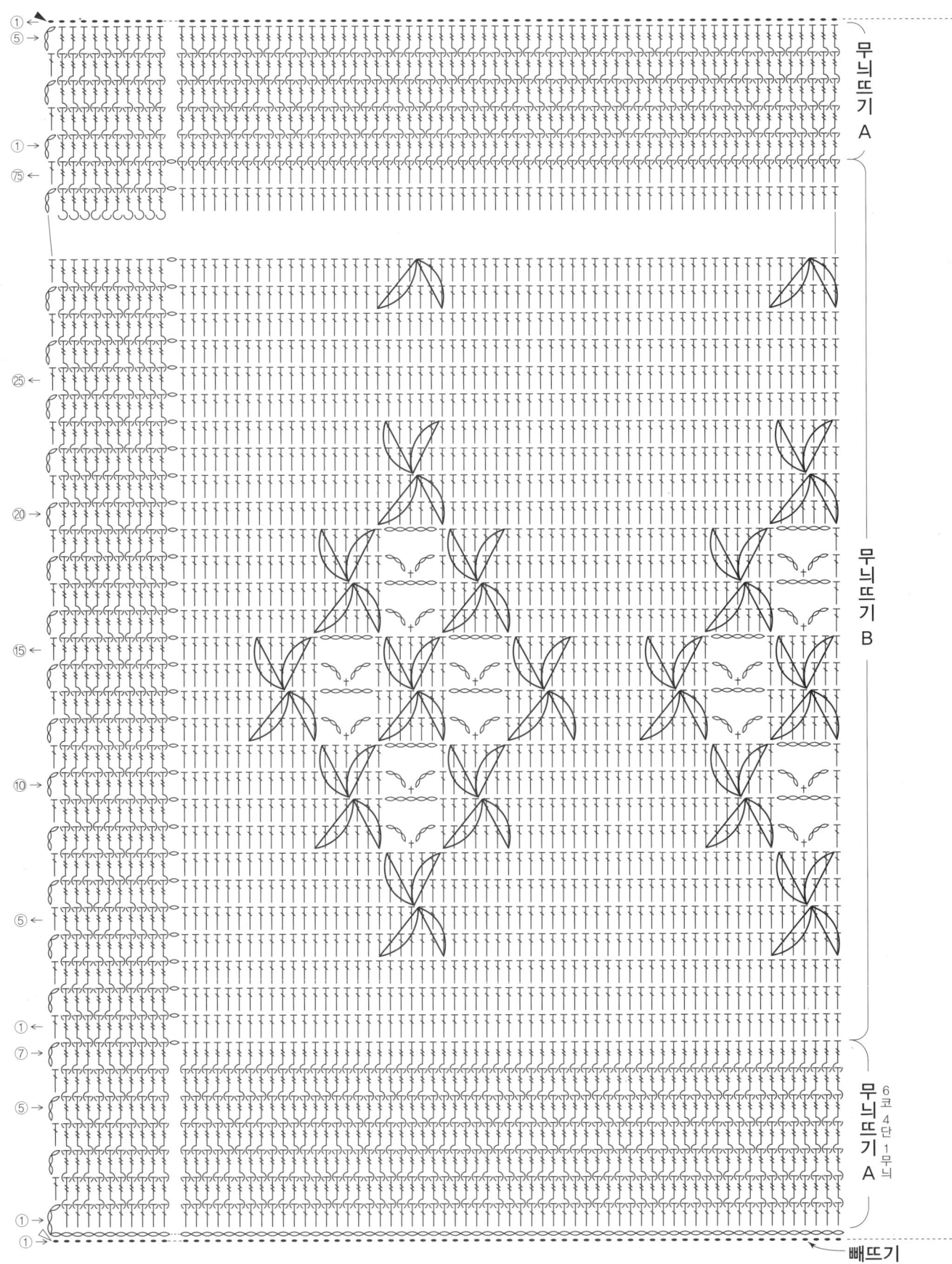

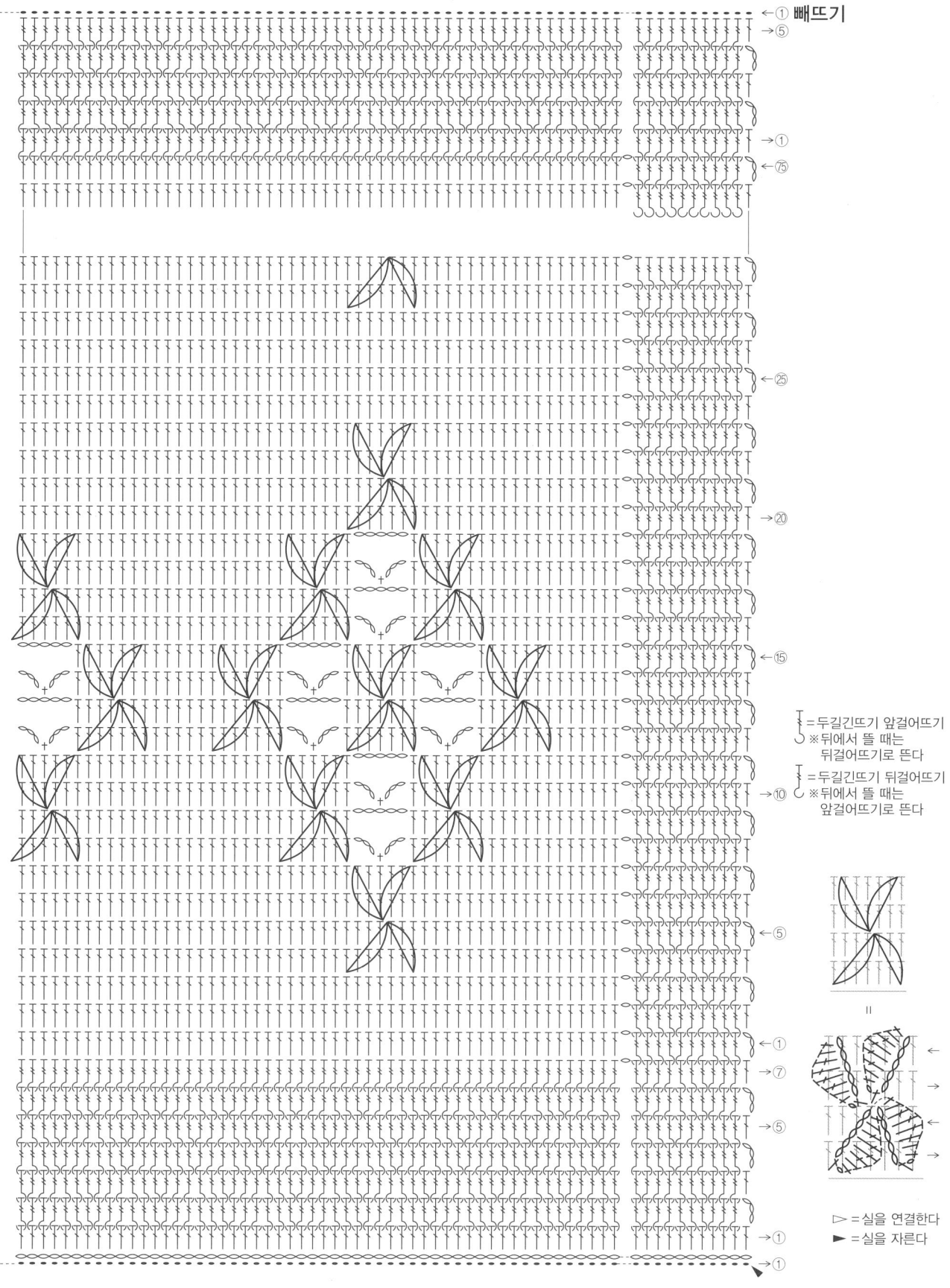

O 모노톤 백 P. 29

재료와 도구

하마나카 아메리 에프 《합태》 검정(524) 125g,
그레이(523) 30g, 흰색(501) 15g
코바늘 4/0호

게이지

10cm²에 짧은뜨기 20코 21단
배색 무늬뜨기 32코 17단

완성 사이즈

너비 30cm, 깊이 20cm

뜨는 법 포인트

- 바닥은 사슬 34코로 시작코를 만들고, 짧은뜨기로 11단을 뜬다.
- 옆면은 짧은뜨기로 8단 뜨고, 이어서 도안을 참조해서 코를 주워 배색 무늬뜨기로 22단까지 뜬다. 22단은 그레이로 뜬다.
- 입구의 1단은 짧은뜨기와 짧은뜨기 앞걸어뜨기로 144코를 줍는다. 2단에서 코 줄임을 해서 6단까지 짧은뜨기로 뜬다.
- 손잡이는 7단에서 사슬 50코를 만들어 입구에서 코 줄임을 하면서 11단까지 뜬다.

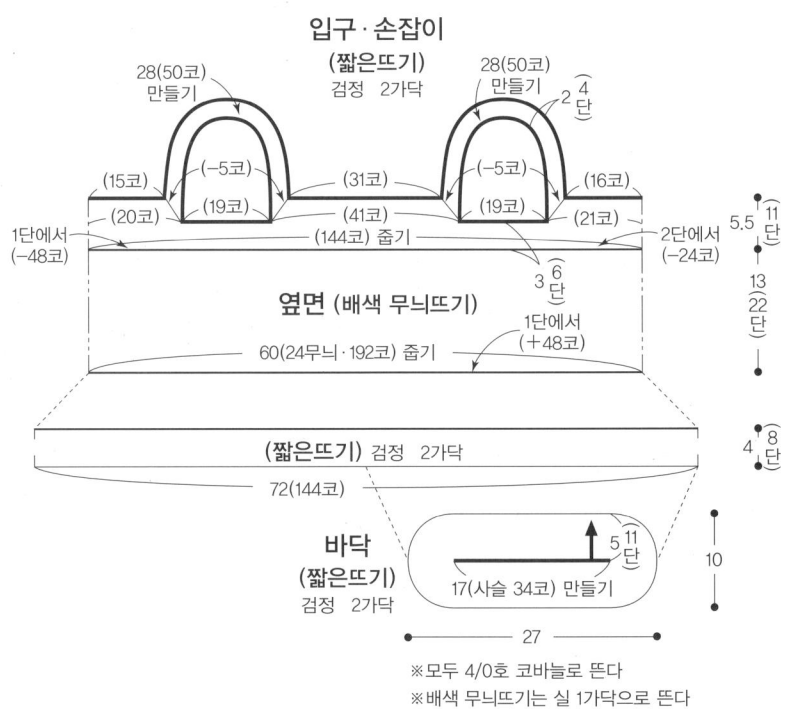

바닥 늘임코

단수	콧수	
11단	144코	(+8코)
10단	136코	(+8코)
9단	128코	(+8코)
8단	120코	(+8코)
7단	112코	(+8코)
6단	104코	
5단	104코	(+8코)
4단	96코	(+8코)
3단	88코	(+8코)
2단	80코	(+8코)
1단	72코	

바닥 짧은뜨기

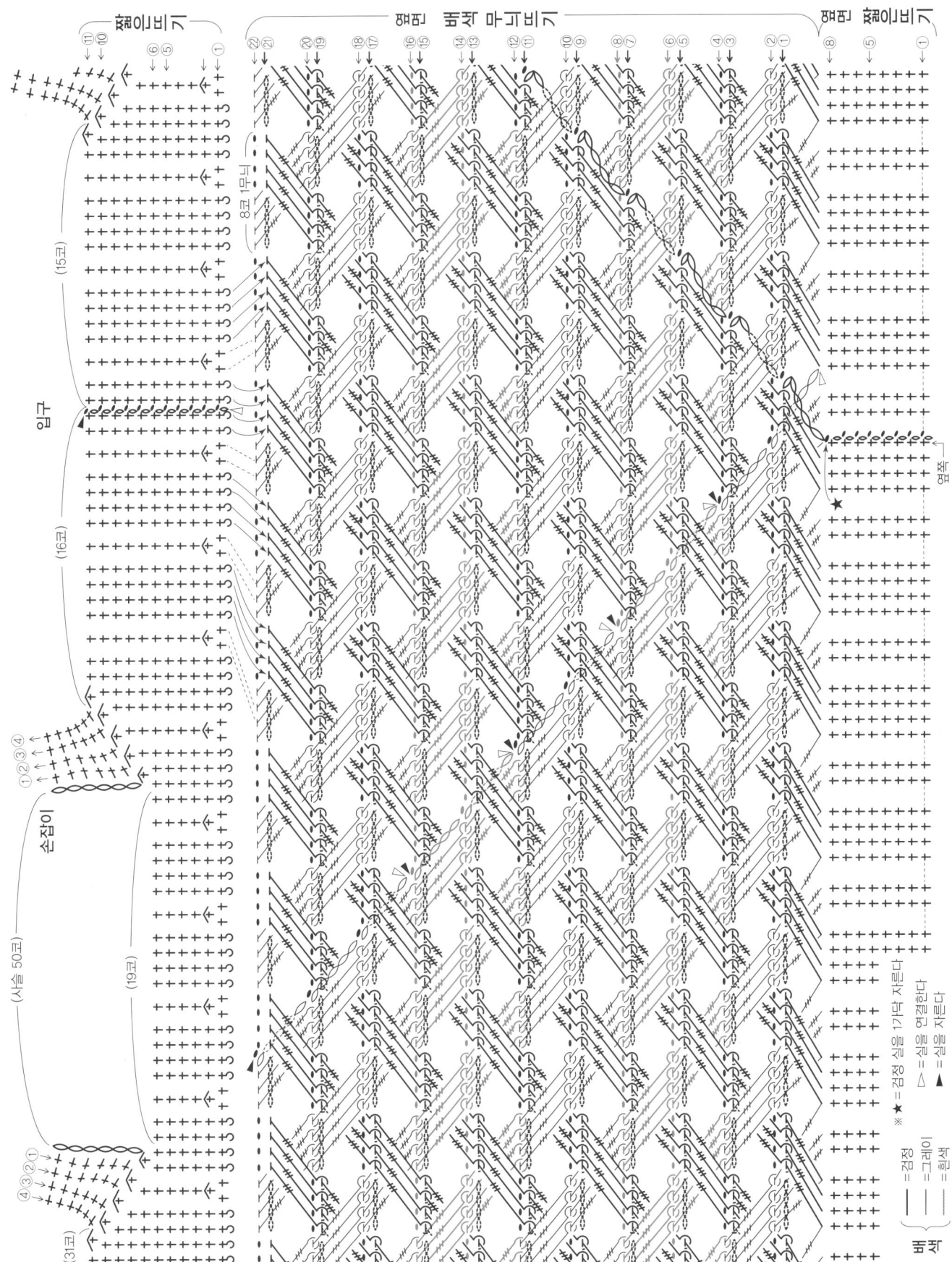

 원 핸들 백 P.31

재료와 도구
DARUMA 체비엇 울 다크 네이비(5) 160g
코바늘 7/0호

게이지
무늬뜨기는 1무늬가 1.6cm, 10cm에 8단

완성 사이즈
너비 24cm, 깊이 21cm

뜨는 법 포인트
- 사슬 25코로 시작코를 만들고 바닥은 짧은뜨기로 2단을 뜬다.
- 옆면은 바닥에서 코를 주워 무늬뜨기를 원통으로 왕복뜨기 16단을 뜬다.
- 이어서 입구를 짧은뜨기로 2단 뜬다.
- 손잡이는 지정한 위치에 실을 연결해서 65단을 뜨고, 마지막 끝단은 같은 기호의 위치에 맞대어서 반박음질한다.

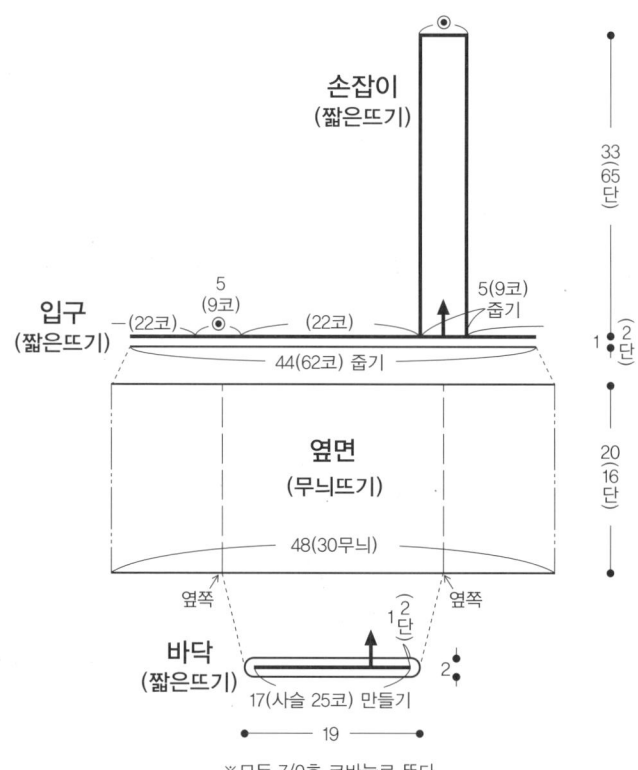

마무리 방법

같은 기호끼리 맞대어서 반박음질한다

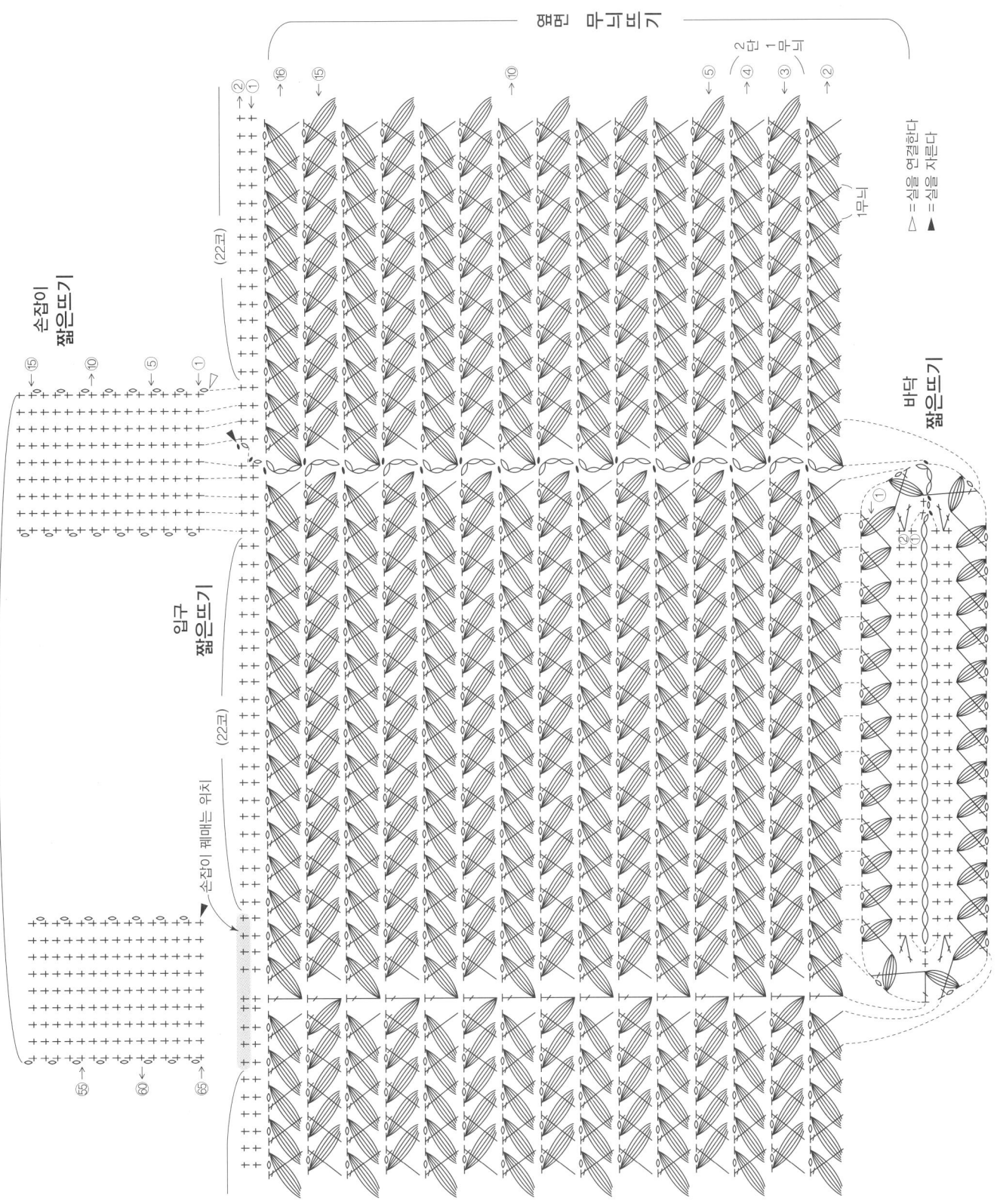

P 사각 방석 P.30

재료와 도구
하마나카 소노모노 알파카 울 그레이(44) 170g,
자연색(41) 120g
코바늘 7/0호

게이지
배색 무늬뜨기는 1무늬가 1.3cm, 10cm에 6.5단

완성 사이즈
37cm×37cm

뜨는 법 포인트
- 사슬 55코로 시작코를 만들고, 배색 무늬뜨기로 22단을 뜬다.
- 가장자리는 지정한 콧수를 주워 도안을 참조해서 짧은뜨기로 왕복해서 2단을 뜬다.

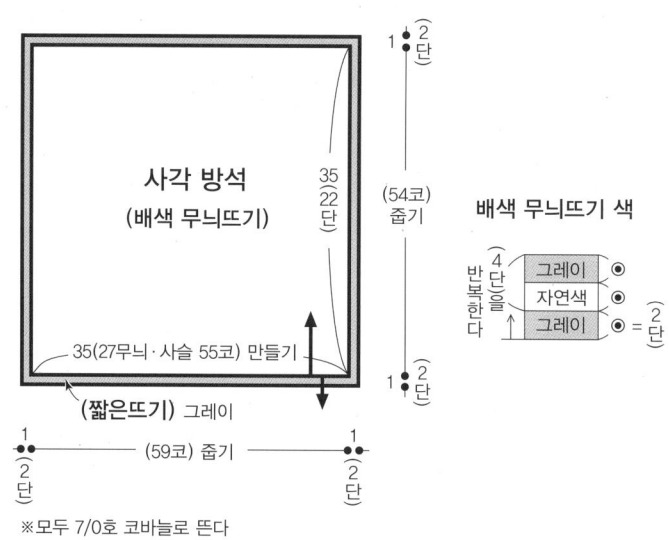

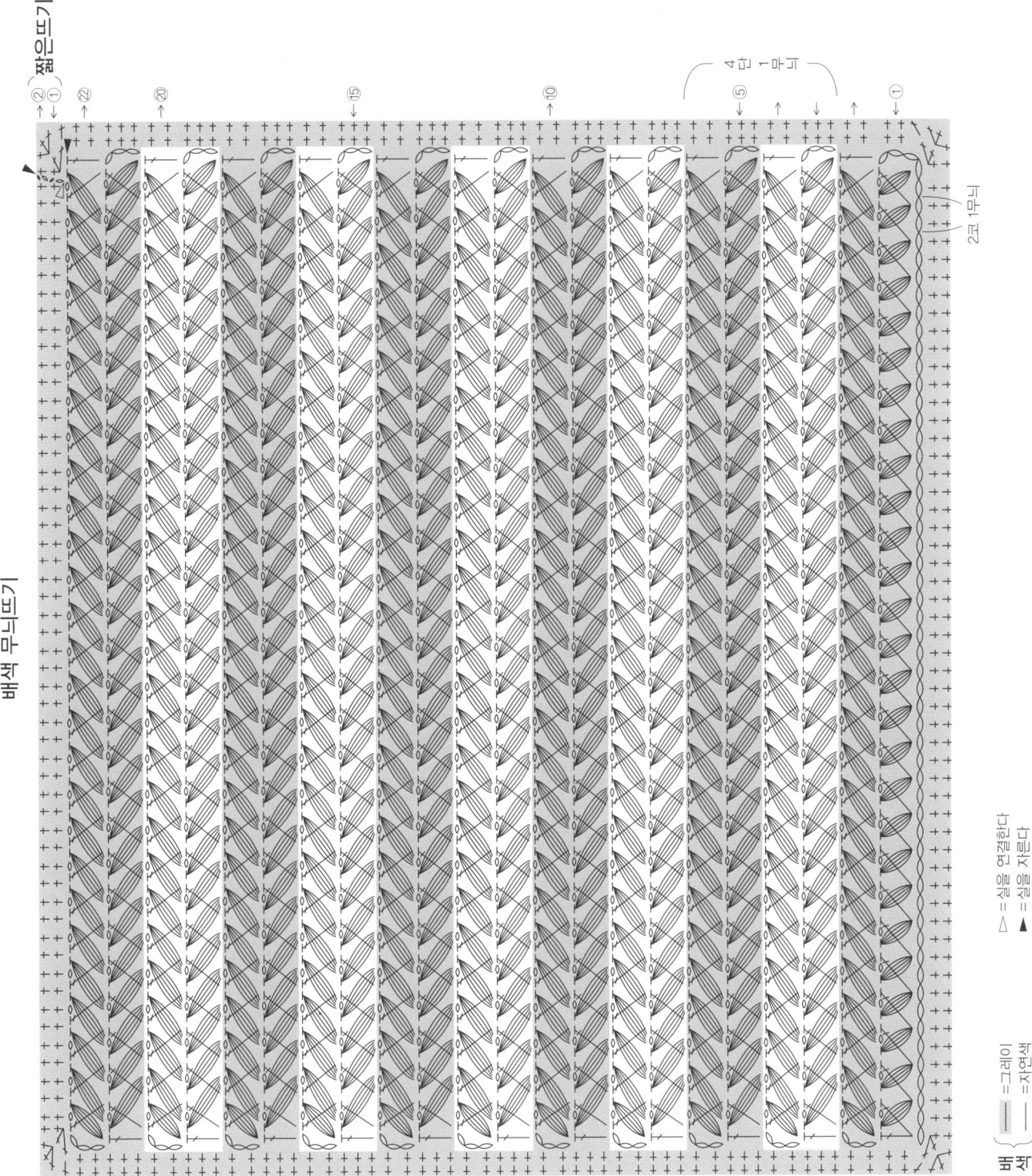

R 사코슈 P. 34

재료와 도구
하마나카 소노모노 《초극태》 자연색(11) 160g,
지름 2.8cm 단추 1개
코바늘 7mm

게이지
10cm²에 무늬뜨기 10.5코 11단

완성 사이즈
너비 26.5cm, 깊이 21cm

뜨는 법 포인트
- 바닥은 사슬 27코로 시작코를 만들고 무늬뜨기로 1단을 뜬다.
- 옆면은 바닥에서 56코를 주워 무늬뜨기로 23단을 뜨고, 이어서 빼뜨기를 1단 뜬다.
- 어깨끈은 사슬뜨기로 시작코를 만들고, 무늬뜨기와 빼뜨기로 뜬다.
- 단춧고리와 태슬을 만들고, 마무리 방법을 참조해서 지정한 위치에 단다.
- 어깨끈과 단추를 달아 마무리한다.

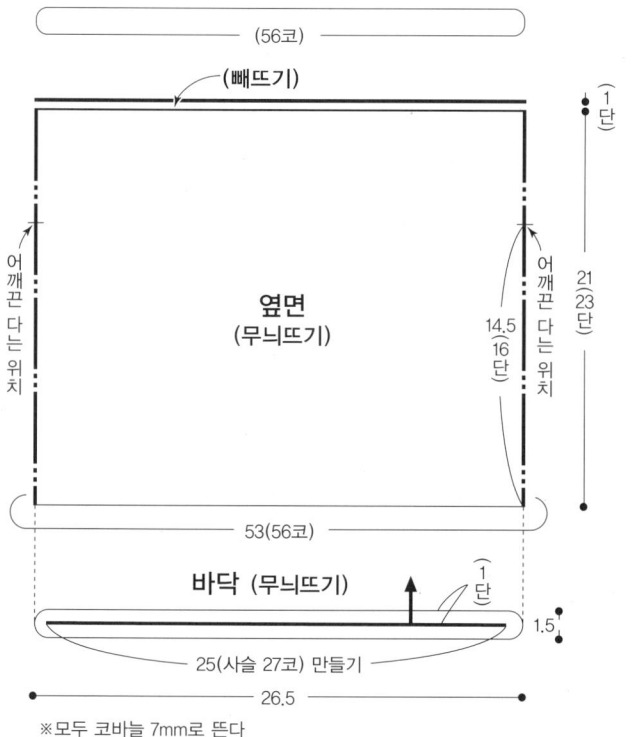

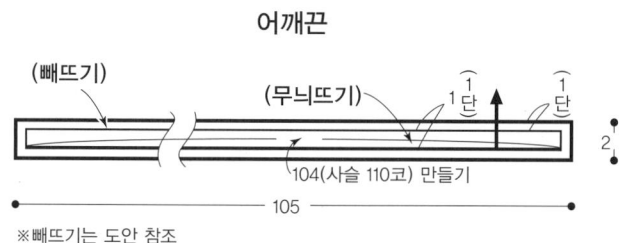

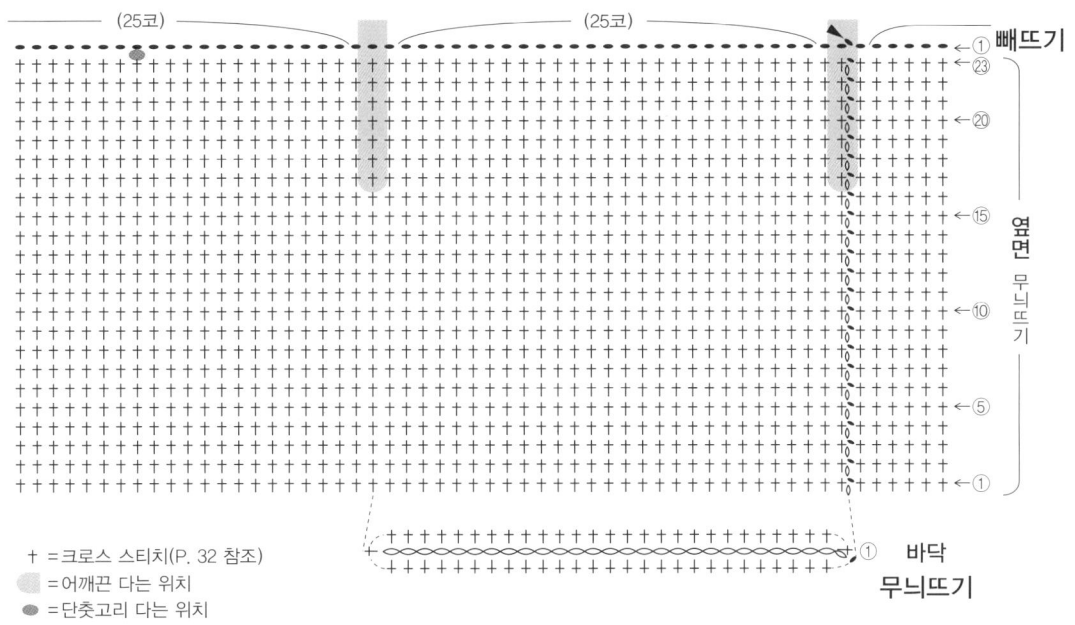

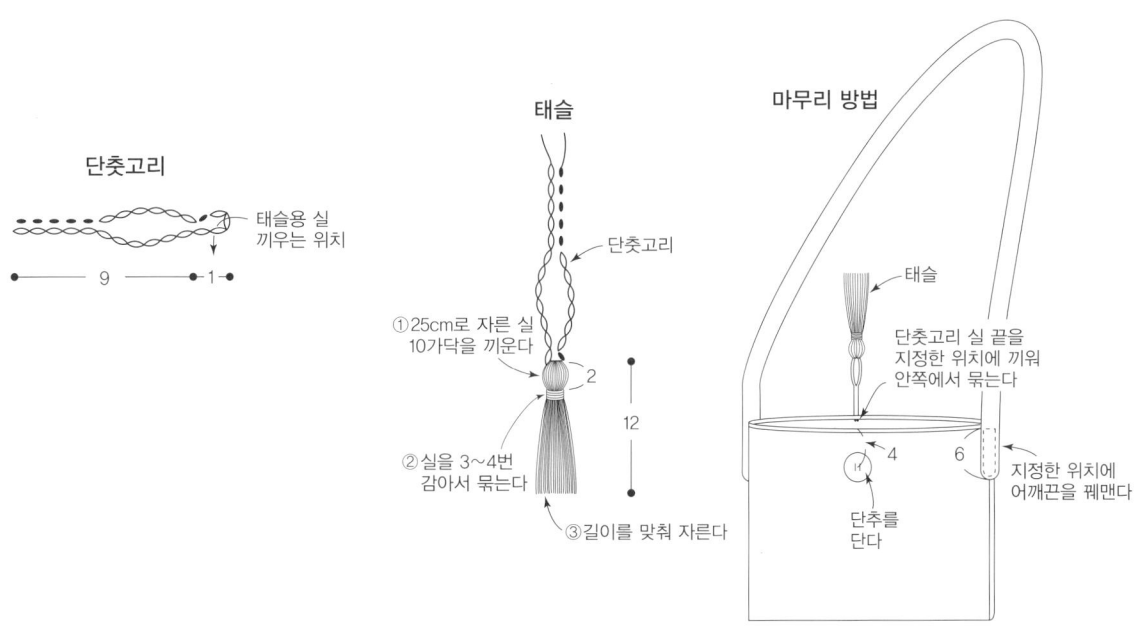

83

팔찌·귀걸이·반지 P. 35

재료와 도구
DARUMA 실크 레이스 실 #30 실 색상 번호,
색명, 사용량은 오른쪽 표를 참조
팔찌: 자석 버클 1쌍, 지름 3.5mm O링 4개
귀걸이: 훅 1쌍, 지름 3.5mm O링 2개
레이스용 코바늘 2호

완성 사이즈
도안 참조

뜨는 법 포인트
- 표를 참조해서 필요한 길이로 각각의 장식 끈을 뜬다.
- 마무리 방법을 참조해서 완성한다.

장식 끈 사용 실과 단수, 가닥수

아이템	색명(색 번호)	장식 끈 A			장식 끈 B			사용량
		단수	길이	가닥수	단수	길이	가닥수	
팔찌	자연색(1)				60단	17.5cm	1가닥	각 조금씩
	연옥색(17)	70단	16.5cm	1가닥				
귀걸이	자연색(1)	14단	3cm	1가닥	14단	4cm	2가닥	
	연옥색(17)	14단	3cm	1가닥				
반지	자연색(1)	30단	7cm	1가닥				

※모두 레이스 코바늘 2호로 뜬다

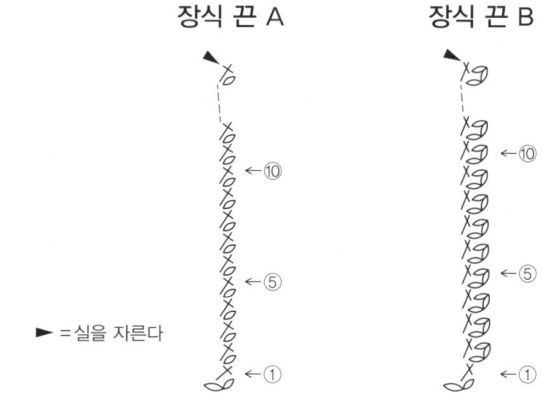

마무리 방법

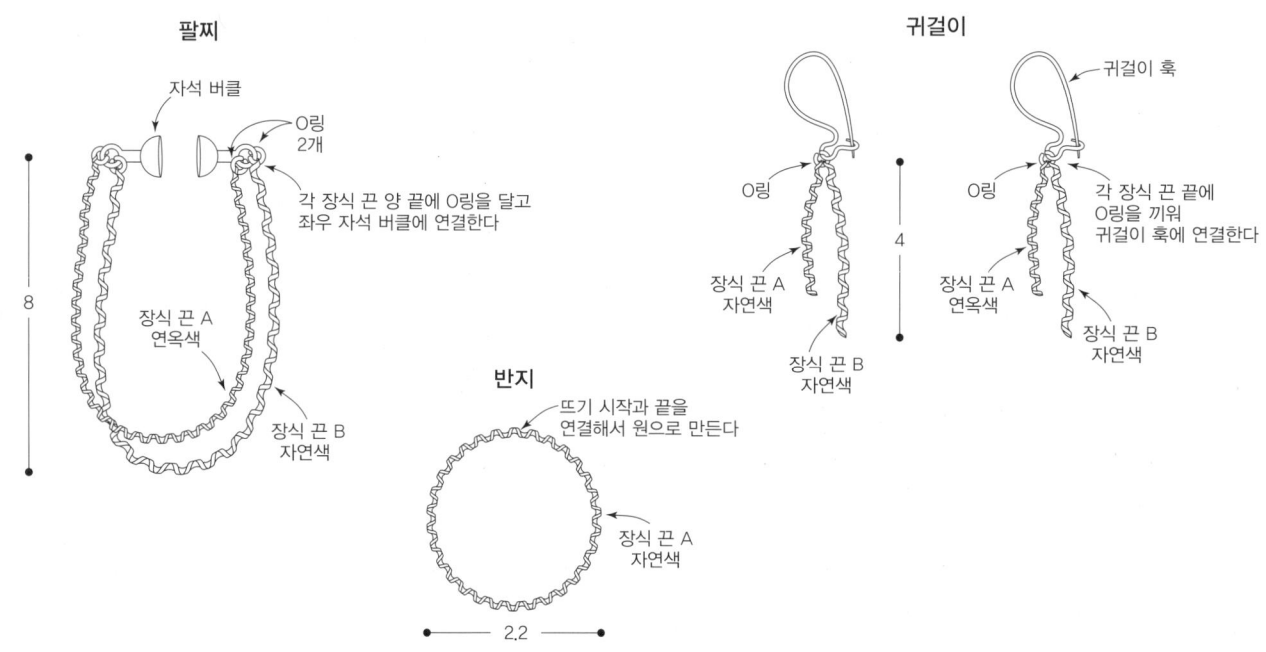

W 컵 홀더 P. 41

재료와 도구

DARUMA 메리노 스타일《병태》A 미스트 그린(16) 8g, 카멜리아 핑크(17) 7g
B 미스트 그린(16) 8g 에메랄드(22) 7g
코바늘 6/0호

게이지

10cm²에 배색 무늬뜨기 19코 21.5단

완성 사이즈

컵 둘레 10.5cm, 깊이 8cm

뜨는 법 포인트

- 사슬 40코로 시작코를 만들고, 배색 무늬뜨기를 원통으로 뜬다.
- 이어서 미스트 그린으로 가장자리뜨기를 1단 뜬다.
- 시작코 쪽에서 A는 카멜리아 핑크, B는 에메랄드로 가장자리뜨기를 1단 뜬다.

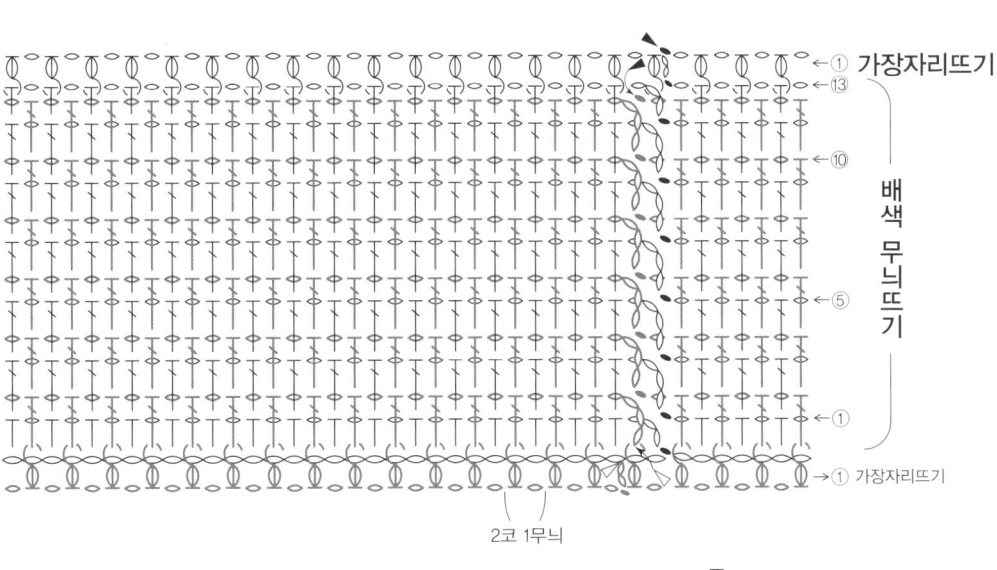

U 숄더 스트링 포셰트 P. 39

재료와 도구

하마나카 아메리 차콜 그레이(30) 90g, 버지니아 블루벨(46)·퓨어 화이트(51) 각 30g
하마나카 가방용 가죽 바닥(원형-48개 구멍 / 지름 15.6cm / H204-596-2) 검정 1장
코바늘 5/0호

게이지

10cm^{2}에 배색 무늬뜨기 19.5코 9단

완성 사이즈

바닥 지름 15.6cm, 깊이 25cm

뜨는 법 포인트

- 가방용 가죽 바닥의 구멍 1개마다 짧은뜨기 2코씩 떠 넣어 96코를 뜬다.
- 배색 무늬뜨기로 21단을 원통으로 뜨고, 가장자리뜨기를 1단 뜬다.
- 어깨끈은 사슬 5코로 시작코를 만들고, 무늬뜨기 137단을 뜬다. 이어서 끈 둘레에 짧은뜨기 1단을 뜬다.
- 끈은 스레드 코드로 150코 뜬다. 끈 홀더는 사슬 15코로 시작코를 만들어 짧은뜨기를 5단 뜬다.
- 마무리 방법을 참조해서 완성한다.

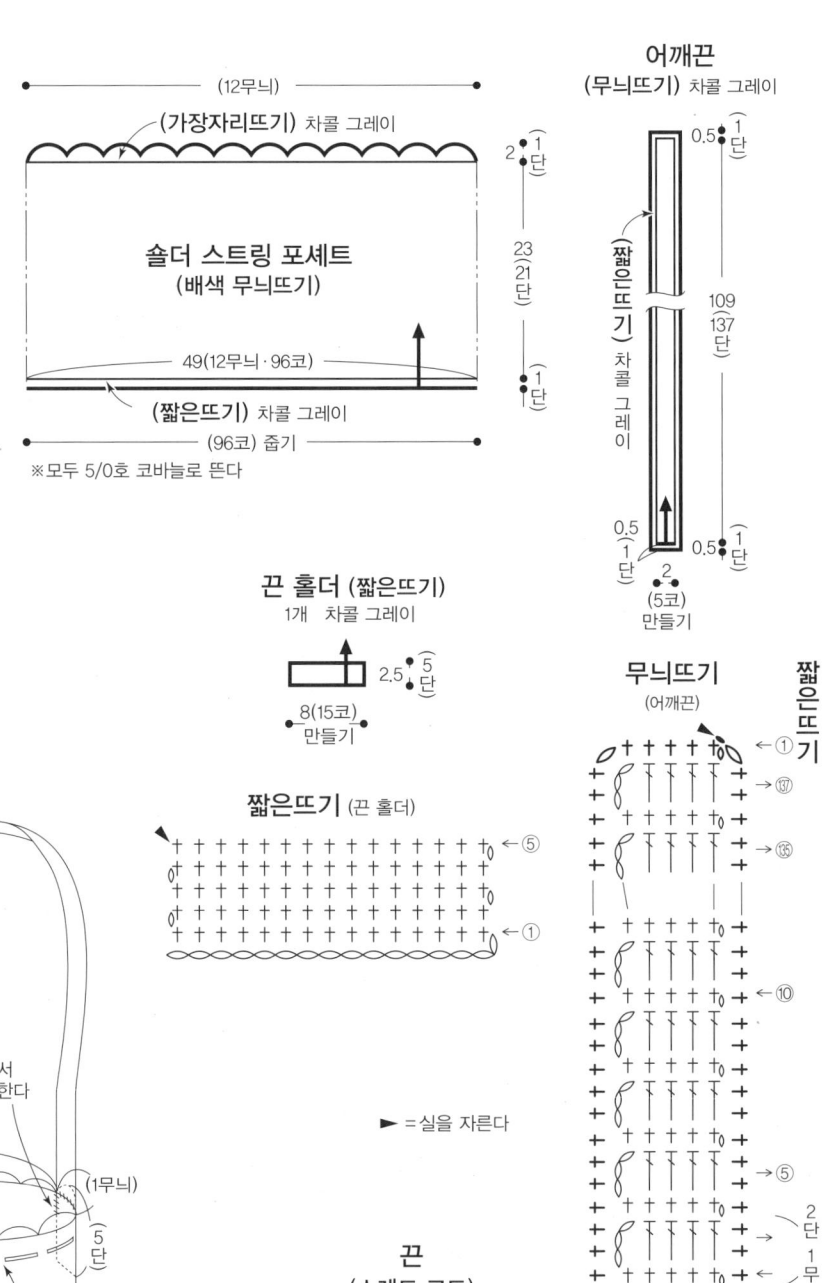

T 니트 모자 P. 38

재료와 도구

하마나카 소노모노 알파카 릴리 자연색(111) 50g,
연갈색(112)·진갈색(113) 각 20g
코바늘 7/0호

게이지

10cm²에 배색 무늬뜨기 17코 9.5단

완성 사이즈

머리둘레 52cm, 깊이 22.5cm

뜨는 법 포인트

- 사슬 88코로 시작코를 만들고, 무늬뜨기를 4단 원통으로 뜬다.
- 배색 무늬뜨기를 13단 뜨고, 남은 5단은 분산 코 줄임을 하면서 뜬다. 이 5단에서 1, 2단의 고리는 사슬 8코를 뜨므로 주의한다.
- 마지막 단 코에 실을 꿰어 조인다.

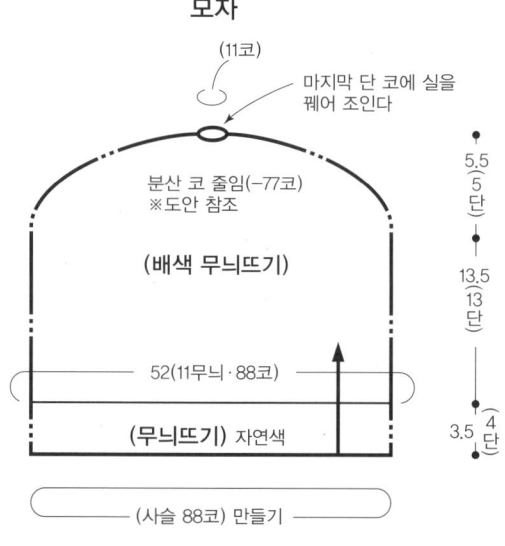

모자

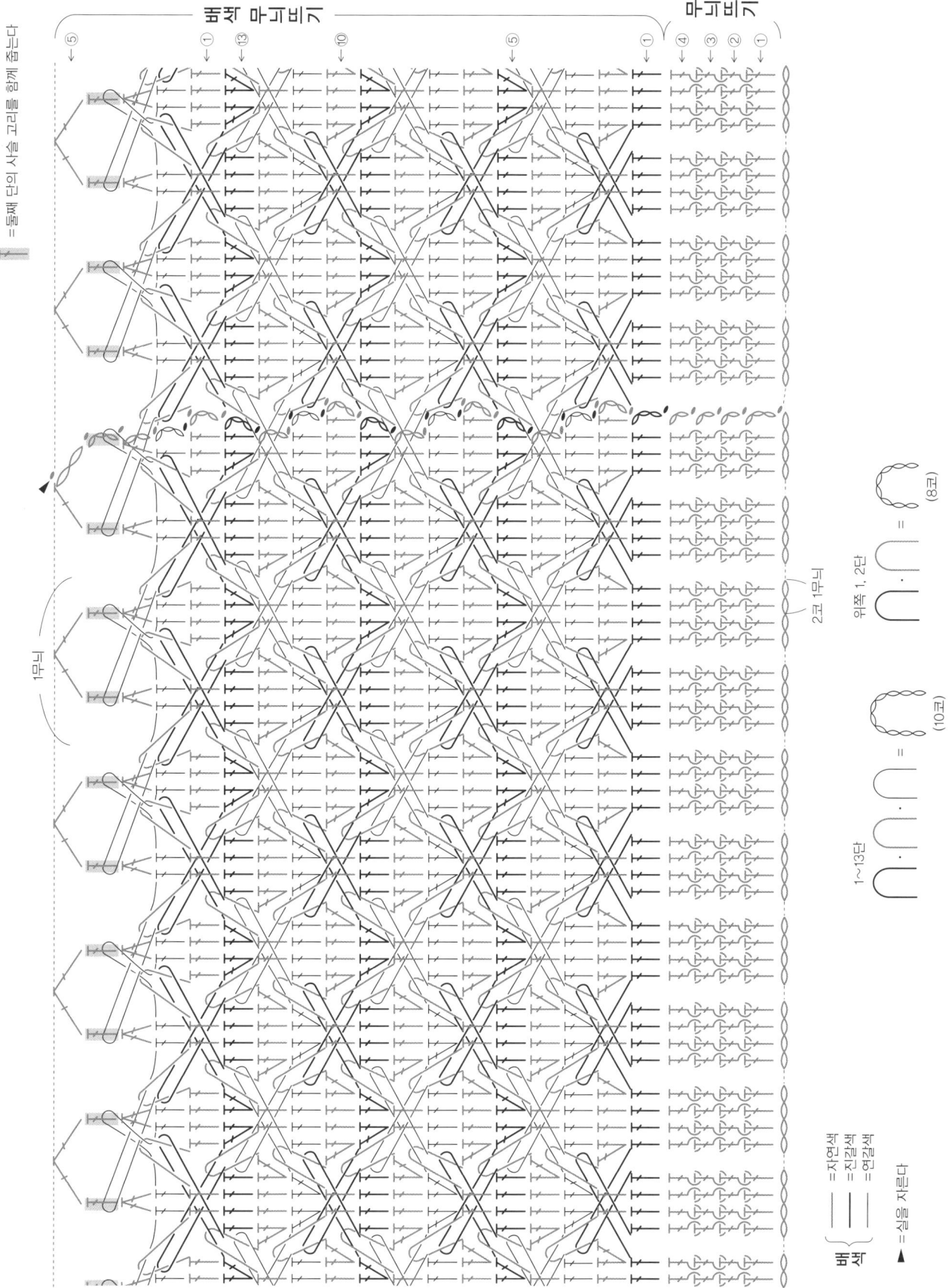

V 뜨개실 정리함 P.41

재료와 도구
DARUMA 포클랜드 울 브라운(3) 85g, 샌드 베이지(2) 60g
코바늘 7/0호

게이지
10cm²에 배색 무늬뜨기 18.5코 18단

완성 사이즈
너비 26cm, 깊이 23.5cm

뜨는 법 포인트
- 바닥은 원형으로 시작코를 12코 만들고, 늘임코를 하면서 한길긴뜨기를 8단 뜬다.
- 옆면 1단은 브라운 실로 바닥에서 1코씩 걸러서 한길긴뜨기 뒤걸어뜨기와 사슬코로 96코를 줍고, 정면에서 코를 쉬게 한다.
- 2단은 샌드 베이지 실을 바닥 마지막 단의 코에 연결해서 1단과 동일하게 96코를 줍는다.
- 동일한 요령으로 한길긴뜨기와 사슬코로 40단까지 원통으로 뜨고, 41단은 브라운 실로 긴뜨기와 사슬코를 뜬다.
- 이어서 가장자리뜨기를 1단 뜬다.

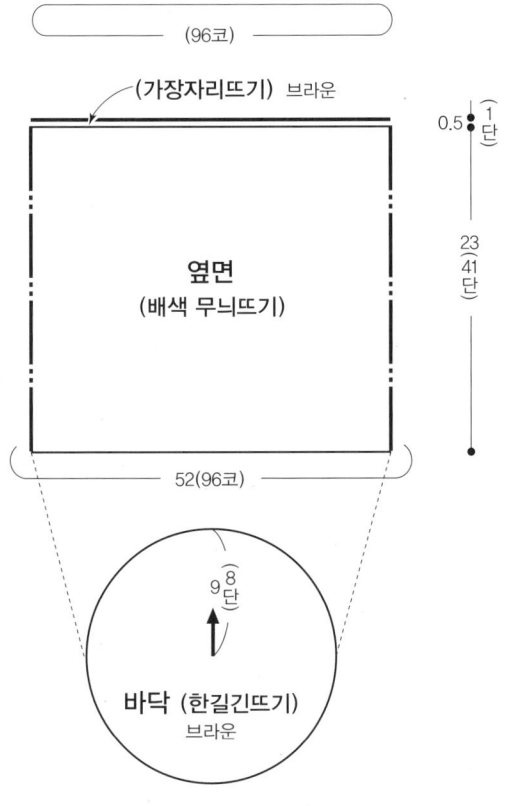

※모두 7/0호 코바늘로 뜬다

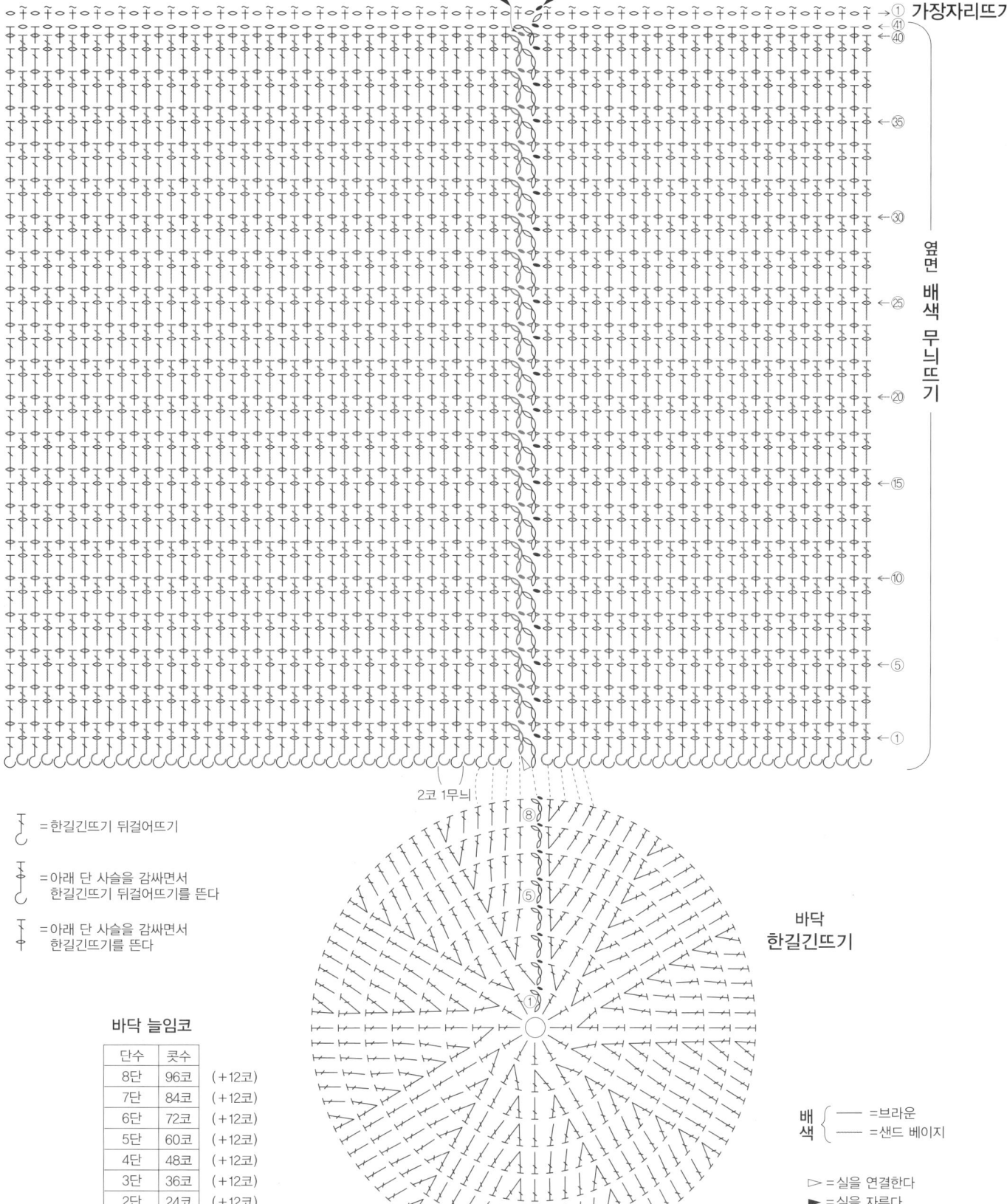

X 라인 백 P. 44

재료와 도구

하마나카 엑시드 울 L 《병태》 그레이(327) 185g
코바늘 5/0호

게이지

10cm²에 짧은뜨기 20코 24단
무늬뜨기 22코 12단

완성 사이즈

너비 30cm, 깊이 22cm

뜨는 법 포인트

- 바닥은 사슬 30코로 시작코를 만들어 짧은뜨기를 36단 뜬다.
- 옆면은 사슬 44코로 시작코를 만들어 무늬뜨기를 72단 뜬다.
- 옆면은 감아 잇기를 해서 원통으로 만들고, 바닥과 옆면을 같은 기호끼리 겉이 바깥으로 오게 맞댄다. 옆면이 정면으로 오게 잡아 짧은뜨기로 잇는다.
- 입구는 짧은뜨기를 4단 뜨고, 마지막 단에서 빼뜨기 1단을 뜬다.
- 손잡이는 사슬뜨기로 시작코를 만들어 짧은뜨기와 빼뜨기를 뜬다. 마무리 방법을 참조해 손잡이를 꿰맨다.

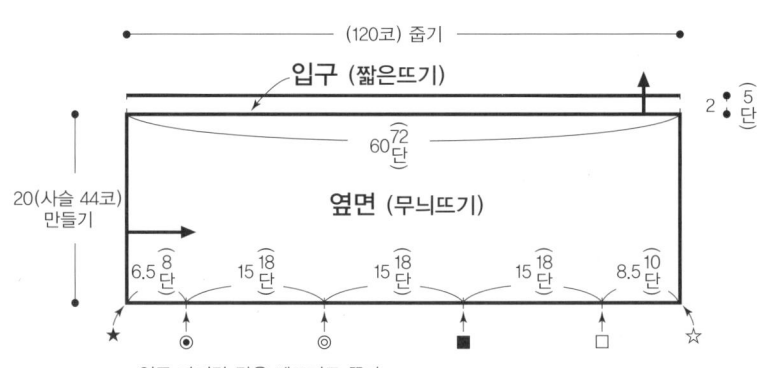

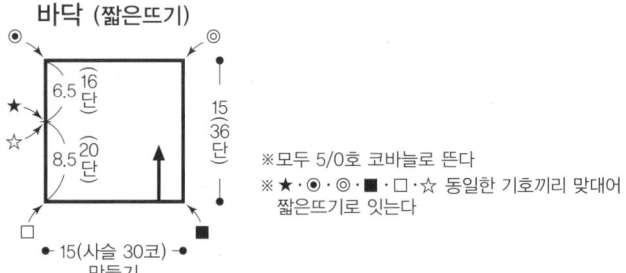

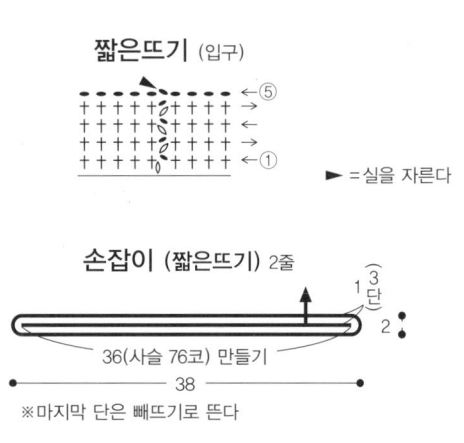

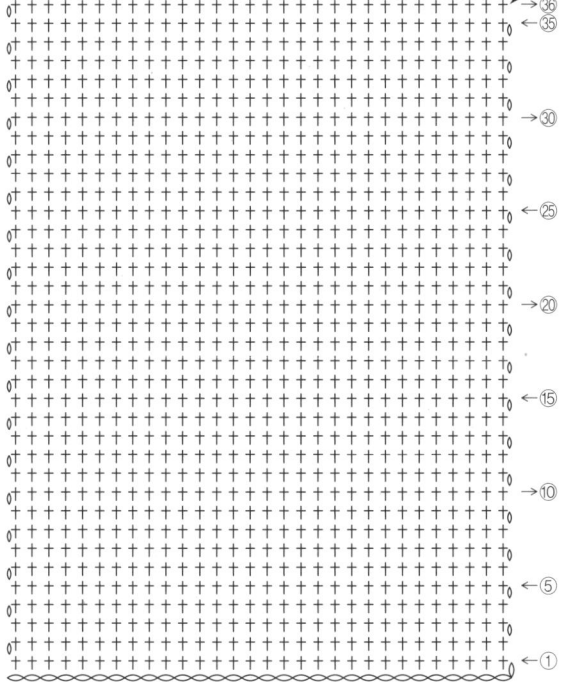

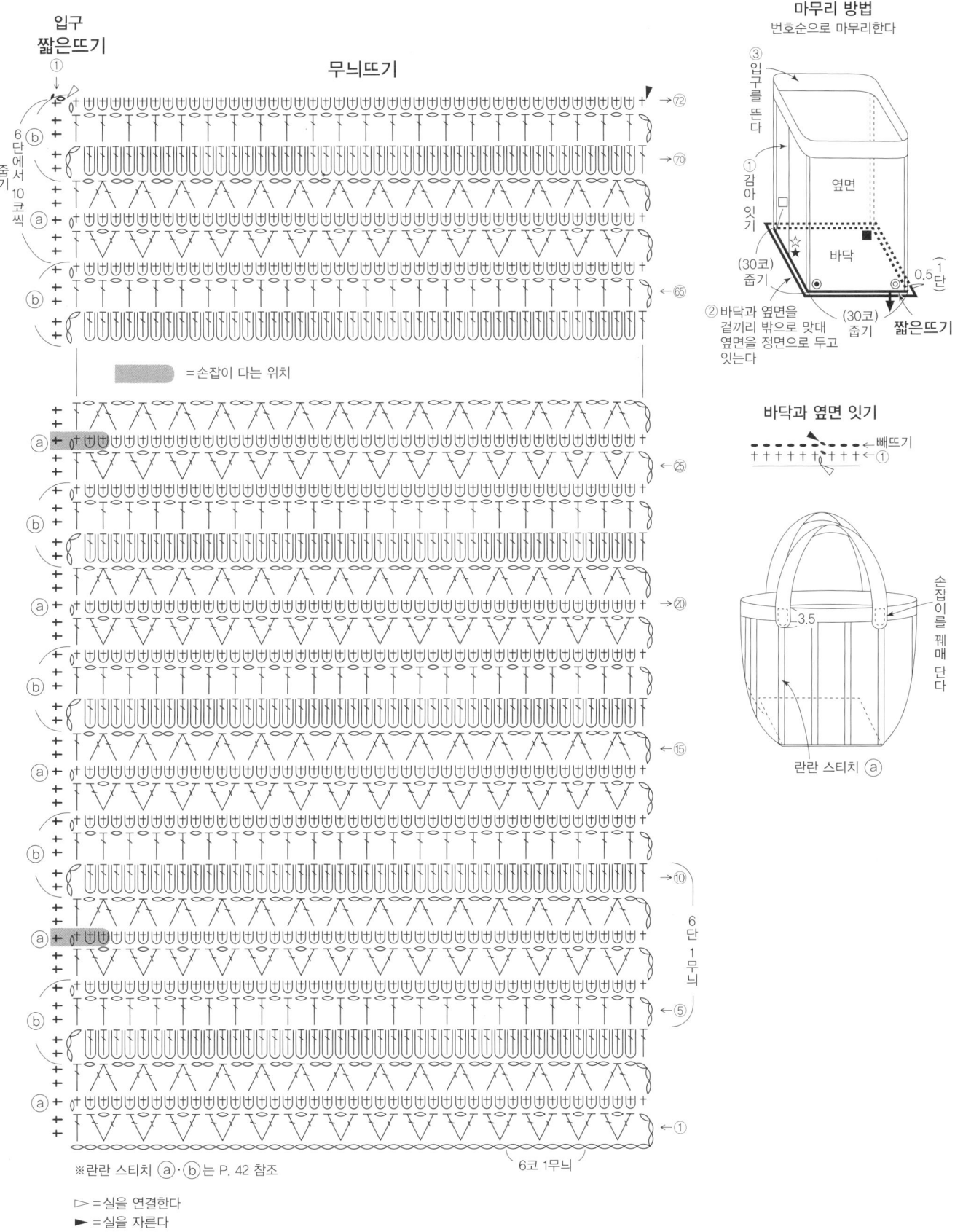

93

Y 그러데이션 모자 P. 45

재료와 도구
파피 물티코 그린 계열 그러데이션 염색(574) 90g
코바늘 7/0호

게이지
10cm²에 무늬뜨기 A 17코 12단
무늬뜨기 B 20코 8단

완성 사이즈
머리둘레 56cm, 깊이 21cm

뜨는 법 포인트
- 사슬 96코로 시작코를 만들어 무늬뜨기 A를 14단 원통으로 뜬다. 링뜨기의 고리는 그대로 남겨둔다.
- 이어서 무늬뜨기 B를 7단 뜬다.
- 다 뜨고 남은 실로 마지막 단의 틈새로 4개 무늬마다 실을 꿰어 조인다. 시작코는 실 끝을 이용해 원형으로 만든다.
- 란란 스티치를 뜨고, 마지막 코는 첫째 코와 무늬가 이어지게 해서 하나로 연결한다.

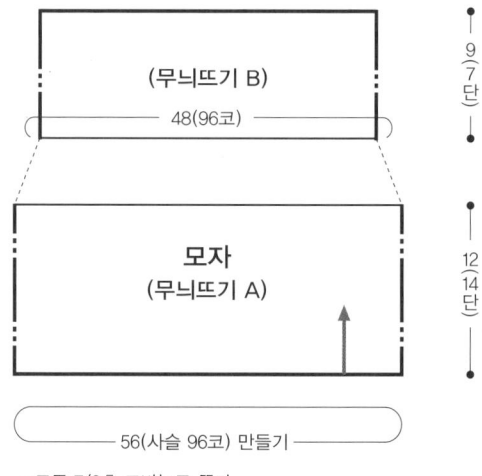

※모두 7/0호 코바늘로 뜬다

마무리 방법

4개 무늬마다 ● 위치에 실을 꿰어 조인다

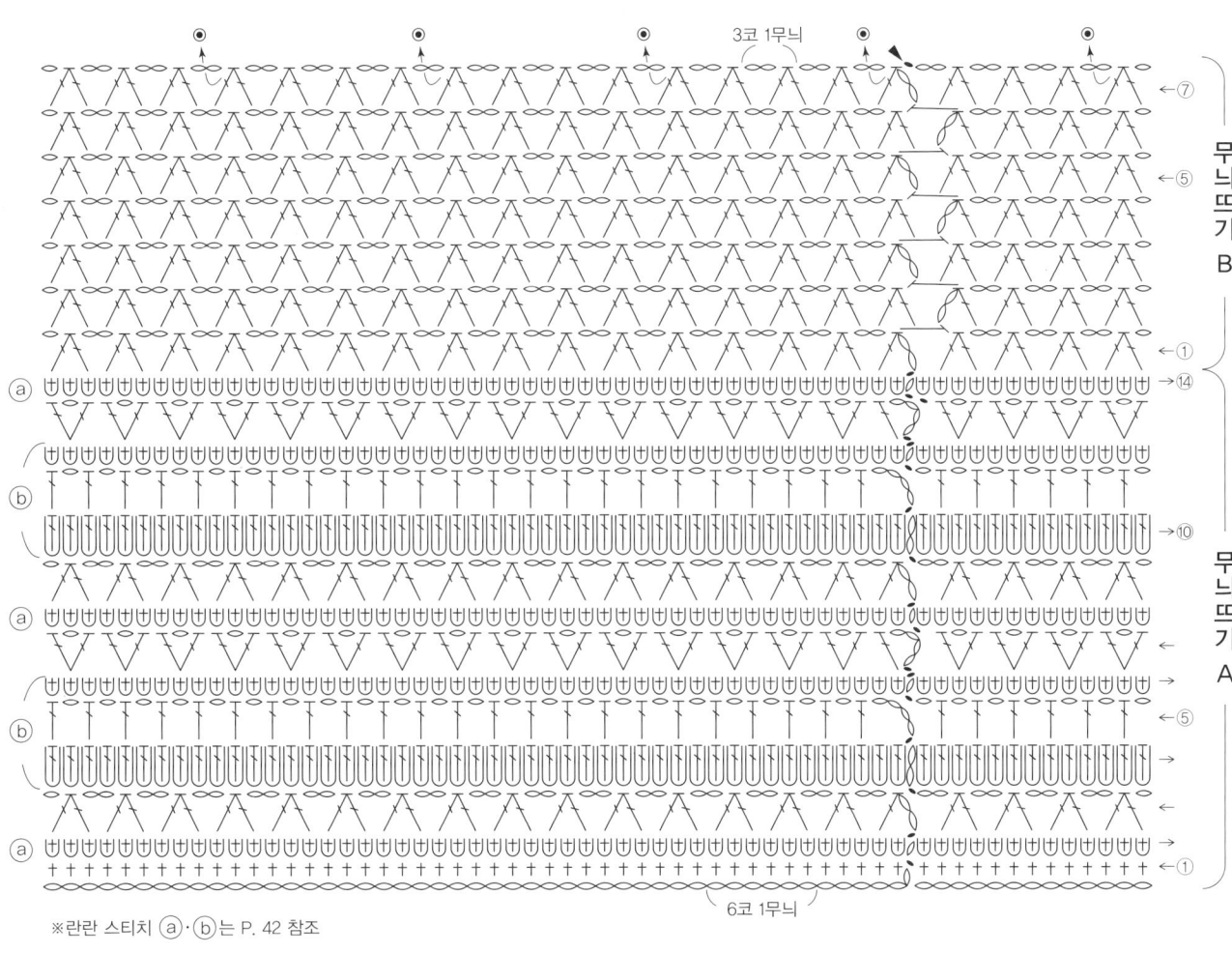

※란란 스티치 ⓐ·ⓑ는 P. 42 참조

▶ = 실을 자른다
◉ = 실 끼우는 위치

Wonderful Crochet(NV70600)
Copyright ⓒ NIHON VOGUE-SHA 2020
Photographer: Yukari Shirai, Noriaki Moriya
First published in Japan in 2020 by NIHON VOGUE Corp.
Korean translation rights arranged with NIHON VOGUE Corp.
through Shinwon Agency Co.
Korean translation rights ⓒ 2022 by Iaso Publishing Co.

이 책의 한국어판 저작권은 신원에이전시를 통한
NIHON VOGUE Corp.와 독점 계약으로 도서출판 이아소에 있습니다.
저작권법에 의해 한국 내에서 보호받는 저작물이므로 무단 전재와 무단 복제를 금합니다.

작품 제작

· 이마무라 요코

· 오카 마리코

· 가제코보

· 기시 무쓰코

· 니시무라 도모코

· 하시모토 마유코

· 요코야마 가요미

옮긴이 김은주

대학에서 인간 생활환경과 일본어를 공부하고 일본 무역 회사에 적을 두었다. 취미로 시작한 손바느질과 코바늘뜨기의 매력에 푹 빠져 퇴사 후 9년 동안 공방 카페를 운영하기도 했다. 《더 즐거운 코바늘 손뜨개 원더 크로셰》, 《귀엽고 사랑스러운 코바늘뜨기 애착 인형 & 쿠션 손뜨개》, 《매일 스타일 변신 손뜨개 인형》 등을 번역했다.

코바늘 손뜨개의 새로운 세계
원더풀 크로셰

초판 1쇄 발행 2022년 9월 15일

지은이 일본 보그사
옮긴이 김은주
펴낸이 명혜정
펴낸곳 도서출판 이아소
교 정 정수완
디자인 레프트로드

등록번호 제311-2004-00014호
등록일자 2004년 4월 22일
주소 04002 서울시 마포구 월드컵북로5나길 18 1012호
전화 (02)337-0446 **팩스** (02)337-0402

책값은 뒤표지에 있습니다.
ISBN 979-11-87113-56-0 13590

도서출판 이아소는 독자 여러분의 의견을 소중하게 생각합니다.
E-mail: iasobook@gmail.com

Basic Technique Guide
코바늘뜨기 기초

코 만들기(시작코)

실 끝을 원형으로 만든 시작코 ⋯ P. 98

코바늘뜨기 기호와 뜨는 법

짧은뜨기 ⋯ P. 98
사슬뜨기 ⋯ P. 99
빼뜨기 ⋯ P. 99
긴뜨기 ⋯ P. 99
한길긴뜨기 ⋯ P. 99
두길긴뜨기 ⋯ P. 100
짧은뜨기 이랑뜨기 ⋯ P. 100
되돌아 짧은뜨기 ⋯ P. 100

늘임코·줄인코·그 외 뜨개코

한길긴뜨기 2코 넣어뜨기(코에 뜨기) ⋯ P. 101
한길긴뜨기 2코 넣어뜨기(다발을 주워 뜨기) ⋯ P. 101
짧은뜨기 2코 넣어뜨기(코에 뜨기) ⋯ P. 101
짧은뜨기 2코 모아뜨기 ⋯ P. 101
사슬 3코 빼뜨기 피코(한길긴뜨기에 뜨기) ⋯ P. 101
한길긴뜨기 2코 모아뜨기 ⋯ P. 101
시작코(토대) 있는 한길긴뜨기 늘임코 ⋯ P. 101
긴뜨기 3코 구슬뜨기(코에 뜨기) ⋯ P. 102
긴뜨기 3코 구슬뜨기(다발을 주워 뜨기) ⋯ P. 102
한길긴뜨기 3코 구슬뜨기 ⋯ P. 102
한길긴뜨기 5코 팝콘뜨기 ⋯ P. 102
한길긴뜨기 앞걸어뜨기 ⋯ P. 102
짧은뜨기 앞걸어뜨기 ⋯ P. 103
한길긴뜨기 뒤걸어뜨기 ⋯ P. 103
짧은뜨기 링뜨기 ⋯ P. 103

엮는 법·잇는 법

짧은뜨기 사슬 엮기 ⋯ P. 104
단을 주워 엮기 ⋯ P. 104
감아 엮기(감침질) ⋯ P. 104
빼뜨기 잇기 ⋯ P. 104
감아 잇기(감침질) ⋯ P. 104

코 만들기(시작코)

실 끝을 원형으로 만든 시작코

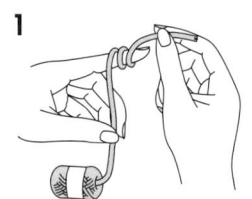

1 왼손 집게손가락에 실을 2번 감아서 고리를 만든다

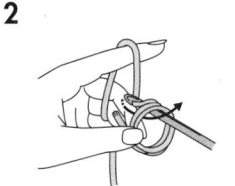

2 고리가 무너지지 않도록 왼손에 고쳐 잡고, 고리 안으로 바늘을 넣어 실을 걸어 빼낸다

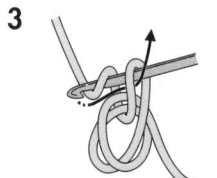

3 다시 바늘에 실을 걸어 뺀다

4 시작코의 원형 고리가 생겼다 (이 코는 콧수에 포함하지 않는다)

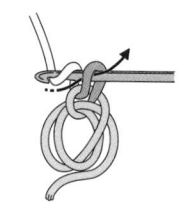

5 1단의 기둥코가 될 사슬 1코를 뜬다

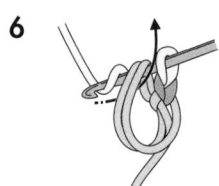

6 원형 시작코 고리 안에 바늘을 넣어서 실을 뺀다

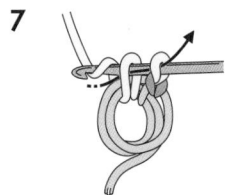

7 바늘 끝에 실을 걸어서 빼내고, 짧은뜨기를 한다

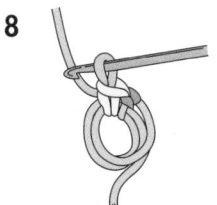

8 짧은뜨기 1코 완성. 계속해서 같은 요령으로 짧은뜨기를 한다

9 1단의 짧은뜨기 6코를 뜬 모습

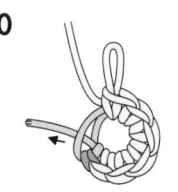

10 1단을 다 뜬 후, 중심 고리를 조여준다. 실 끝을 살짝 당기면 고리 2가닥 중 실 끝에 가까운 1가닥이 움직인다

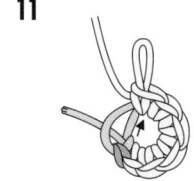

11 움직인 실을 당겨, 실 끝에서 먼 쪽의 고리를 조인다(당긴 쪽의 고리가 남음)

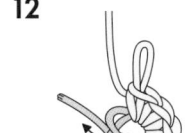

12 실 끝을 당겨 남아 있던 실 끝과 가까운 쪽의 고리를 조인다

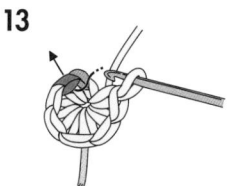

13 1단의 끝맺음은 첫째 짧은뜨기 머리 2가닥을 줍는다

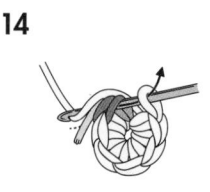

14 바늘에 실을 걸어 뺀다

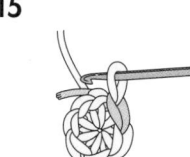

15 1단을 뜬 모습

코바늘뜨기 기호와 뜨는 법

※사슬뜨기 외의 뜨개법은 시작코처럼 코를 만들 수 있는 토대가 반드시 필요하다. 또한 코의 높이를 맞추기 위해 먼저 '기둥코'라고 하는 사슬코를 떠야 한다.

＋ 짧은뜨기
'기둥코'는 사슬 1개로, 작기 때문에 콧수에는 포함하지 않는다.

1 사슬 1코로 기둥코를 세우고, 시작코의 끝코를 줍는다

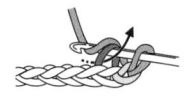

2 바늘 끝에 실을 걸어 뺀다. 이 상태가 '미완성 짧은뜨기'

3 바늘 끝에 실을 걸어 2개의 고리를 한 번에 뺀다

4 짧은뜨기 1코를 뜬 모습

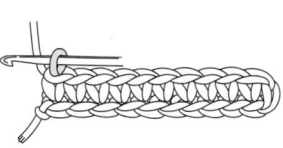

5 같은 요령으로 계속 뜬다. 10코를 뜬 모습

◠ 사슬뜨기 가장 기본이 되는 코로, 다른 뜨개코의 시작코(토대)로도 사용된다.

1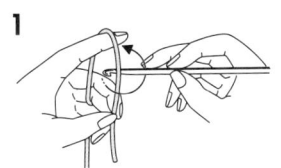
실 끝을 10cm 정도 남기고 바늘을 실 안쪽에 대고 바늘 끝을 회전해 실을 감는다

2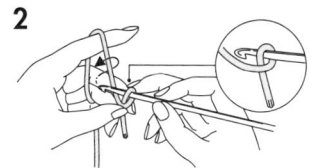
실이 교차하는 부분을 눌러주면서 화살표 방향으로 바늘을 돌려 실을 건다

3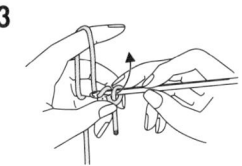
바늘 끝에 걸린 실을 빼낸다

4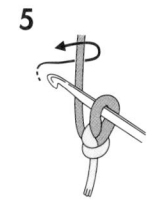
실 끝을 당겨 고리를 조인다. 이것이 시작 매듭이 된다. 콧수로 세지 않는다

5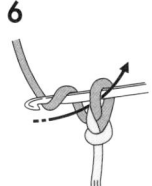
바늘을 실 앞에서 화살표 방향으로 돌린다

6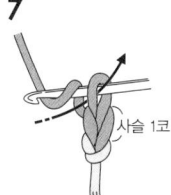
바늘 끝에 실을 걸어, 바늘에 걸린 고리 안으로 뺀다

7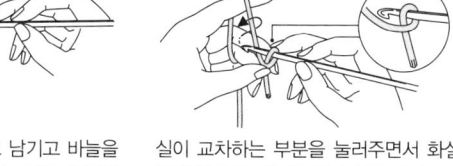
바늘에 걸린 고리 아래에 사슬 1코가 생겼다. 바늘 끝에 실을 걸어서 빼내며 뜬다

8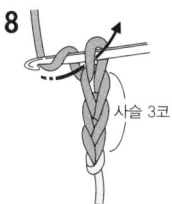
사슬 3코를 뜬 모습. 같은 요령으로 떠나간다

● 빼뜨기
보조적인 뜨개법으로, 코와 코를 연결할 때도 사용한다.

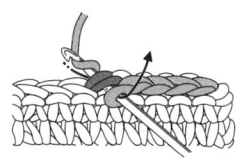
바늘 끝에 실을 걸어서 뺀다

사슬 줍는 법

• 사슬코 산 줍기

사슬 모양이 무너지지 않고, 깔끔하게 완성된다

• 사슬 반 코와 사슬코 산 줍기

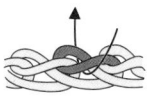
코줍기가 쉬우며 안정감이 있고 견고하다

┬ 긴뜨기 짧은뜨기와 한길긴뜨기의 중간 길이로 뜨는 코. '기둥코'는 사슬 2코이며, 콧수에 포함한다.

1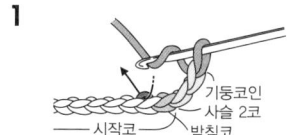
사슬 2코로 기둥코를 세우고, 바늘에 실을 걸어 시작코의 끝에서 둘째 코 사슬을 줍는다

2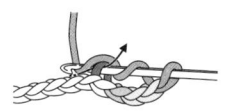
바늘 끝에 실을 걸어서 사슬 2코 길이로 빼낸다

3
이 상태를 '미완성 긴뜨기'라 한다. 바늘 끝에 실을 걸어 바늘에 걸린 3개 고리를 한 번에 모두 빼낸다

4
긴뜨기 1코를 뜬 모습. 기둥코를 1코로 세므로 둘째 코가 된다

┬ 한길긴뜨기 '기둥코'는 사슬 3코이며 기둥코도 1코로 콧수에 포함한다.

1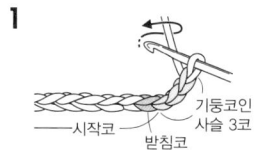
사슬 3코로 기둥코를 세우고, 바늘에 실을 건다

2
기둥코가 첫째 코가 되므로 시작코 끝에서 둘째 코 사슬을 줍는다

3
바늘 끝에 실을 걸어, 사슬 2코 길이로 실을 뺀다

4
바늘 끝에 실을 걸어 고리 2개를 뺀다

5
이 상태를 '미완성 한길긴뜨기'라 한다. 한 번 더 바늘 끝에 실을 걸어 남은 고리 2개를 빼낸다

6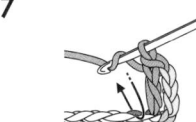
한길긴뜨기 1코를 뜬 상태로 기둥코를 콧수에 포함하므로 2코를 뜬 셈이다

7
같은 요령으로 계속해서 뜬다

8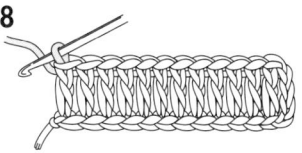
13코를 뜬 모습

두길긴뜨기
한길긴뜨기보다 사슬 1코 정도 더 길다. 바늘에 실을 2번 감아서 뜬다. '기둥코'는 사슬 4코로, 콧수에 포함한다.

1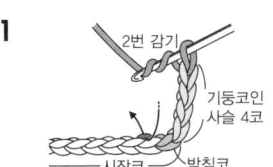
사슬 4코로 기둥코를 세우고, 실을 2번 감아, 시작코의 끝에서 둘째 코 사슬을 줍는다

2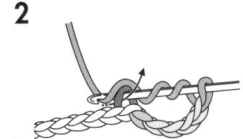
바늘 끝에 실을 걸어 빼낸다

3
실을 사슬 2코 길이로 뺀다

4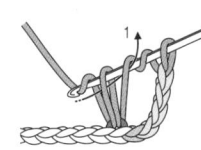
바늘 끝에 실을 걸어서 고리 2개를 먼저 뺀다

5
한 번 더 바늘 끝에 실을 걸어 고리 2개를 뺀다

6
이 상태를 '미완성 두길긴뜨기'라 한다. 한 번 더 바늘에 실을 걸어 남은 고리 2개를 뺀다

7
두길긴뜨기 1코를 뜬 모습. 기둥코를 콧수에 포함하므로 2코를 뜬 셈이다

8
바늘에 실을 2번 감아 같은 요령으로 계속해서 뜬다

짧은뜨기 이랑뜨기
아래 단 머리의 반 코를 주워 뜨고, 반 코를 줄로 남기는 뜨개법.

● 왕복해서 뜨는 경우

1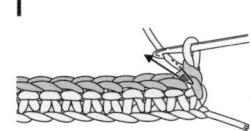
1단은 기본 짧은뜨기를 하고, 2단(뒤를 보면서 뜨는 단)은 아래 단의 머리를 앞쪽에서 반 코 주워서 짧은뜨기한다

2
앞면에 줄기가 남도록 정면으로 바늘을 걸어 짧은뜨기한다

3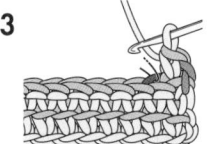
3단(앞을 보고 뜨는 단)은 아래 단 머리의 뒤쪽 반 코를 주워서 짧은뜨기한다

4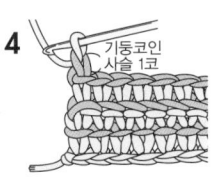
4단 기둥코까지 뜬 모습. 계속해서 앞면에 머리 반 코가 남도록 뜬다

● 원통으로 뜨는 경우

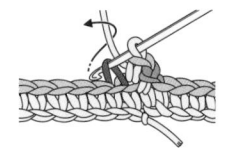
계속 편물의 겉면을 보고 뜨는 경우는 항상 아래 단 머리의 뒤쪽 반 코를 주워서 짧은뜨기한다

되돌아 짧은뜨기
편물 방향은 그대로 하고, 왼쪽에서 오른쪽으로 되돌려가면서 뜬다.

1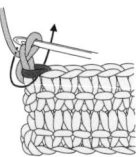
사슬 1코로 기둥코를 세우고, 화살표처럼 바늘을 돌려 아래 단 끝코 머리를 줍는다

2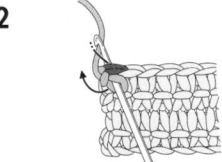
실의 위에서 바늘을 걸어 그대로 정면으로 빼낸다

3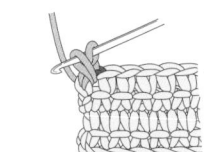
실을 빼낸 모습

4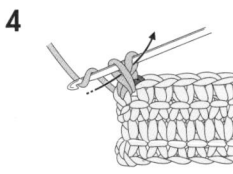
바늘 끝에 실을 걸어 바늘에 걸린 고리 2개를 뺀다(짧은뜨기)

5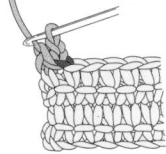
되돌아 짧은뜨기를 1코 뜬 모습

6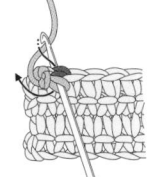
다음 코도 1과 동일하게 바늘을 돌려 아래 단 오른쪽 코의 머리를 주워서 바늘을 넣고, 실 위에서 바늘을 걸어 정면으로 빼낸다

7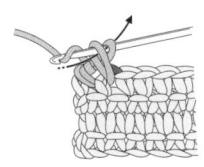
바늘 끝에 실을 걸어 바늘에 걸린 고리 2개를 뺀다(짧은뜨기)

8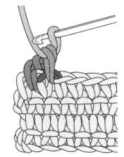
2코를 뜬 모습. 6, 7을 반복해서 왼쪽에서 오른쪽 방향으로 떠나간다

늘임코·줄인코·그 외 뜨개코
뜨개법이나 콧수가 달라도 요령은 동일하다.

∨ 한길긴뜨기 2코 넣어뜨기(코에 뜨기)

1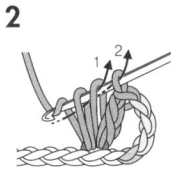
한길긴뜨기 1코를 뜨고, 바늘에 실을 걸어 같은 자리에 바늘을 넣는다

2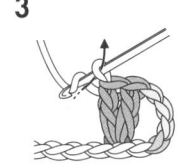
1코 더 한길긴뜨기를 한다

3
한길긴뜨기 2코 넣어뜨기 완성. 기호의 다리가 붙어 있으면 같은 코에 넣어 뜬다

∨ 한길긴뜨기 2코 넣어뜨기(다발을 주워 뜨기)

1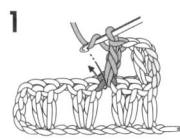
아래 단 사슬의 고리 전체 다발을 주워서 한길긴뜨기를 한다. 같은 자리에 1코 더 뜬다

2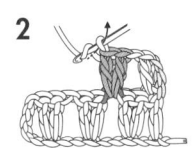
한길긴뜨기 2코 넣어뜨기 완성. 기호 다리가 벌어졌다면 아래 단 사슬 다발을 주워 뜬다

∨ 짧은뜨기 2코 넣어뜨기(코에 뜨기)

짧은뜨기를 1코 뜨고, 같은 자리에 1코 더 뜬다

∧ 짧은뜨기 2코 모아뜨기

1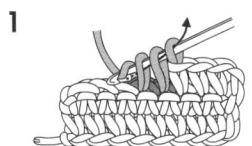
미완성 짧은뜨기 2코를 뜬다. 바늘 끝에 실을 걸어서 고리 3개를 한 번에 뺀다

2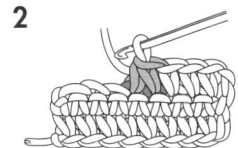
짧은뜨기 2코 모아뜨기 완성

사슬 3코 빼뜨기 피코(한길긴뜨기에 뜨기)

1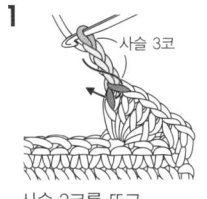
사슬 3코를 뜨고,

2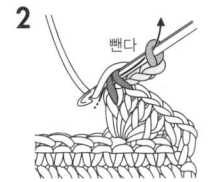
피코 밑동의 한길긴뜨기 머리 반 코와 다리 1가닥을 줍고, 바늘에 실을 걸어 뺀다

3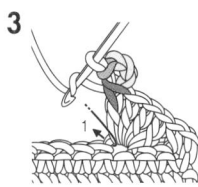
피코 완성

∧ 한길긴뜨기 2코 모아뜨기

1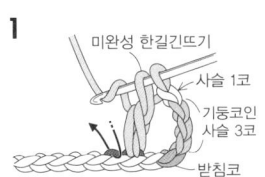
미완성 한길긴뜨기를 뜨고, 바늘에 실을 걸어 다음 코에 바늘을 넣는다

2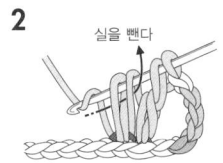
실을 빼내 다시 바늘 끝에 실을 걸어 고리 2개만 빼서 미완성 한길긴뜨기를 1코 더 뜬다

3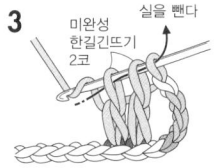
바늘 끝에 실을 걸어 바늘에 걸린 고리 3개를 한 번에 빼낸다

4
2코가 1코가 되어, '한길긴뜨기 2코 모아뜨기' 완성

5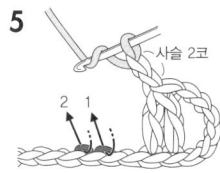
바늘 끝에 실을 걸어 같은 요령으로 계속해서 뜬다

시작코(토대) 있는 한길긴뜨기 늘임코

1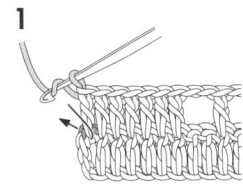
늘임코를 하기 바로 전 한길긴뜨기까지 뜬 뒤, 바늘에 실을 걸어 마지막 코와 같은 곳에 바늘을 넣어서 실을 빼낸다

2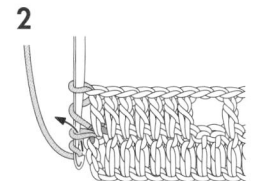
바늘 끝에 실을 걸어 바늘에 걸린 고리 1개를 느슨해지지 않게 뺀다. 이것이 첫 한길긴뜨기의 시작코(토대)가 된다

3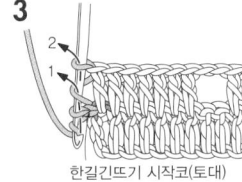
다시 바늘 끝에 실을 걸어 한길긴뜨기를 뜨는 요령으로 뜬다

4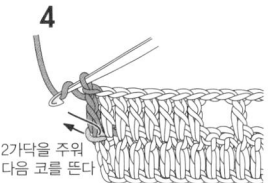
시작코 있는 한길긴뜨기 1코 완성. 둘째 코는 첫코의 시작코 사슬 반 코와 사슬코 산(첫째 한길긴뜨기의 다리 밑동에 이어진 고리) 2가닥을 주워,

5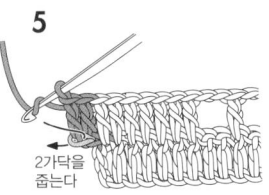
2, 3과 동일하게 뜬다. 필요한 콧수만큼 반복한다

긴뜨기 3코 구슬뜨기(코에 뜨기)

1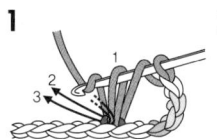
미완성 긴뜨기를 같은 코에 3코 뜬다

2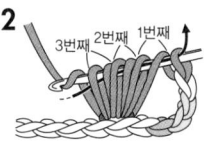
바늘 끝에 실을 걸어 바늘에 걸린 고리 7개를 한 번에 뺀다

3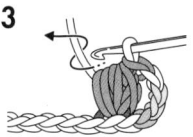
완성된 모습. 다음 코를 뜨면 안정된다. 기호의 다리가 붙어 있으면 모두 미완성뜨기 코를 1코에 넣어 뜬다

긴뜨기 3코 구슬뜨기(다발을 주워 뜨기)

1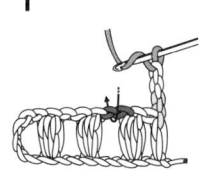
기호의 다리가 떨어져 있으면 아래 단 사슬 다발을 줍는다

2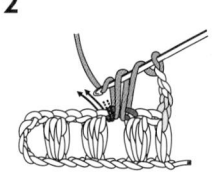
바늘 끝에 실을 걸어 빼내 미완성 긴뜨기를 한다. 같은 곳에 2번 반복해서 미완성 긴뜨기를 총 3코 뜬다

3
바늘 끝에 실을 걸어 바늘에 걸린 7개의 고리를 한 번에 모두 뺀다

한길긴뜨기 3코 구슬뜨기

1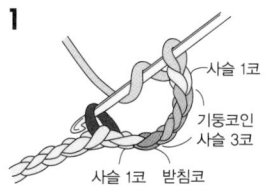
바늘에 실을 걸어 시작코에 바늘을 넣어.

2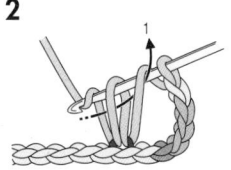
사슬 2코 길이로 실을 빼내, 바늘 끝에 실을 걸어서 고리 2개를 뺀다

3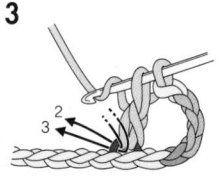
바늘 끝에 실을 걸어서 같은 코에 미완성 한길긴뜨기를 2코 더 뜬다

4
바늘 끝에 실을 걸어서 바늘에 걸려 있는 고리 4개를 한 번에 뺀다

5
한길긴뜨기 3코 구슬뜨기를 1코 뜬 모습

한길긴뜨기 5코 팝콘뜨기

1
한길긴뜨기를 같은 코에 5코 뜨고, 바늘에 걸린 코를 쉬게 하고 한길긴뜨기의 첫째 코에 정면에서 바늘을 넣어,

2
쉬게 했던 코를 첫째 코에 통과시켜 빼낸다

3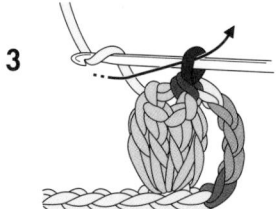
사슬 1코를 떠서 조인다

4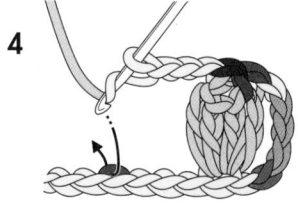
한길긴뜨기 5코 팝콘뜨기 완성. 계속같은 요령으로 뜬다

한길긴뜨기 앞걸어뜨기

※코의 다리 전체를 주워 뜨도록 바늘 갈고리를 넣는다.

1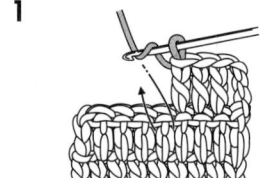
바늘에 실을 걸어, 갈고리 부분이 코의 다리 전체를 줍도록 앞쪽에서 바늘을 넣는다

2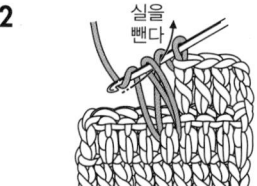
바늘에 실을 걸어서 길게 빼고, 바늘 끝에 실을 걸어 바늘에 걸린 고리 2개를 뺀다

3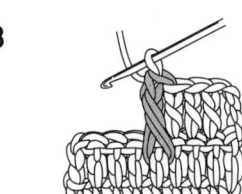
다시 실을 걸어서 남은 고리 2개를 뺀다. 한길긴뜨기 앞걸어뜨기 완성

짧은뜨기 앞걸어뜨기

※코의 다리 전체를 주워 뜨도록 바늘 갈고리를 넣는다.

1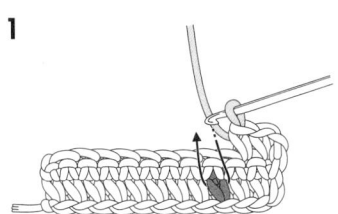
2단 아래 코의 다리 전체를 줍기 위해 정면에서 바늘을 넣는다

2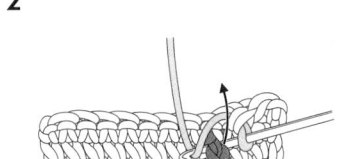
실을 걸어서 길게 뺀다

3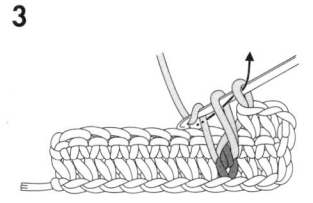
바늘 끝에 실을 걸어 바늘에 걸린 고리 2개를 뺀다(짧은뜨기를 한다)

4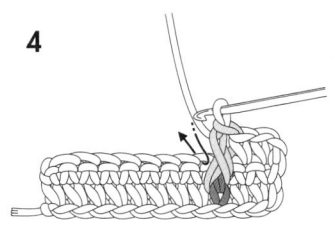
짧은뜨기 앞걸어뜨기 완성. 앞쪽 아래 단의 코는 1코 건너뛰어 다음 코를 뜬다

한길긴뜨기 뒤걸어뜨기

1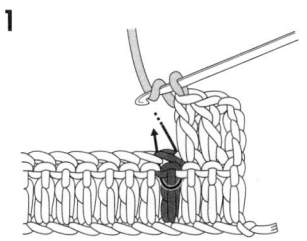
바늘에 실을 걸어 아래 단 코의 다리 전체를 줍도록 뒤에서 바늘을 넣어서 뒤로 빼낸다

2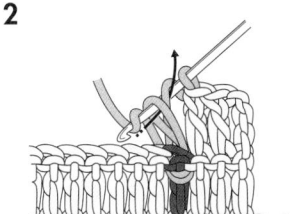
실을 걸어서 길게 빼낸다. 바늘 끝에 실을 걸어, 바늘에 걸린 고리 2개를 뺀다

3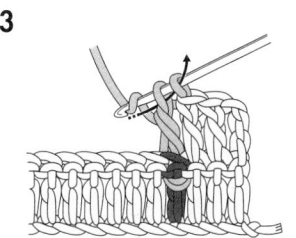
한 번 더 바늘 끝에 실을 걸어 바늘에 걸린 고리 2개를 뺀다

4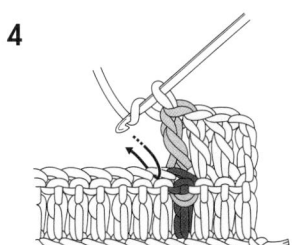
한길긴뜨기 뒤걸어뜨기 완성. 정면에 있는 아래 단 코는 1코 건너뛰어 다음 코에 뜬다

짧은뜨기 링뜨기

1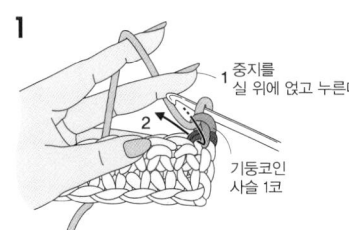
왼손 중지를 실 위에 얹어 뒤쪽으로 누르고, 아래 단 코를 줍는다

2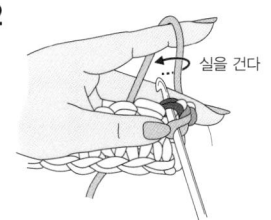
왼손 중지로 실을 누른 채(누른 실의 길이가 링의 크기가 된다) 바늘에 실을 걸어서,

3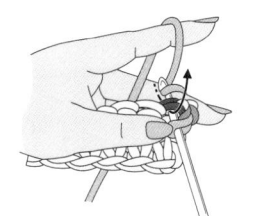
빼낸다

4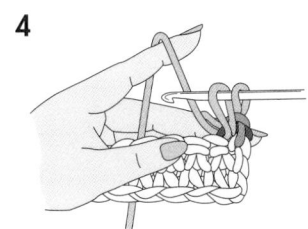
실을 뺀 모습

5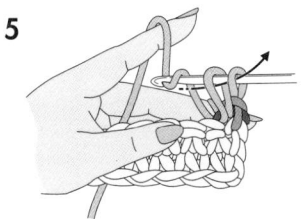
바늘 끝에 실을 걸어서 바늘에 걸린 고리 2개를 뺀다(짧은뜨기를 뜬다). 중지를 빼내면 뒤쪽에 링이 생긴다

6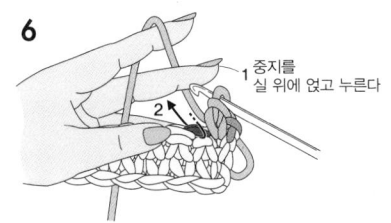
계속해서 같은 요령으로 뜬다

7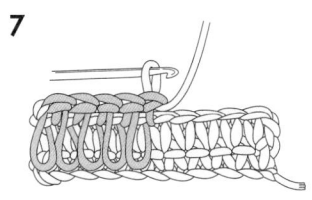
링은 뒤쪽에 생긴다(뒤에서 본 모습)
※뒷면을 앞으로 사용한다

엮는 법 · 잇는 법

2장의 편물을 연결할 때 기본적으로 단과 단은 '엮기', 코와 코는 '잇기'라고 한다.

※ 한쪽 편의 다 뜨고 남은 실을 사용한다.

짧은뜨기 사슬 엮기

편물의 겉을 안으로 오게 맞대 양쪽 머리를 주워 짧은뜨기·사슬뜨기를 반복해서 엮는다.

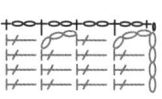
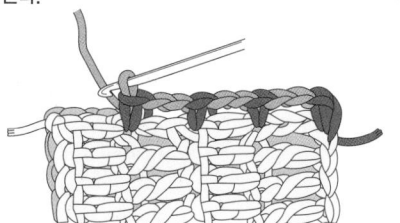

단을 주워 엮기

1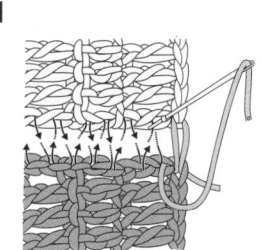
겉면이 보이게 2장을 붙여놓고, 가장자리 끝코를 갈라 바늘을 넣는다

2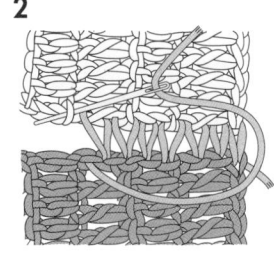
1코에 실 2가닥씩 오도록 번갈아 주워 엮는다

3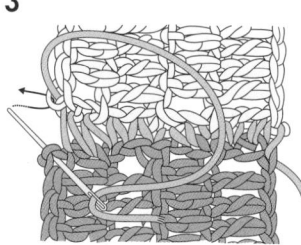
마지막은 화살표와 같이 바늘을 넣는다

※ 실제로는 연결 실이 보이지 않도록 매 코마다 실을 당기면서 엮는다

감아 엮기(감침질)

1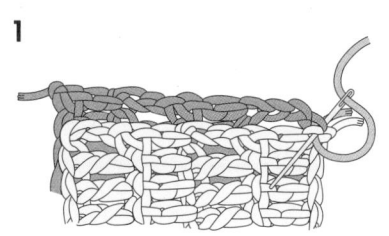
2장의 편물의 겉을 안으로 맞대고 돗바늘을 양쪽 시작코의 사슬에 넣는다

2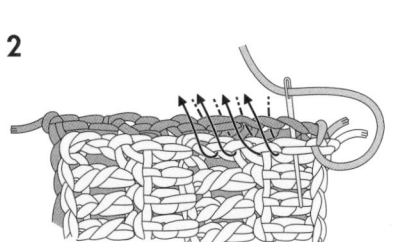
바늘은 항상 같은 방향으로 넣는다. 2장 모두 가장자리 끝코를 가르면서 한길긴뜨기 1단을 2~3번씩, 실로 감아 꿰맨다

3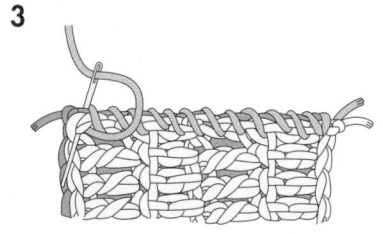
마무리는 같은 자리에 1~2번 꿰어 단단하게 엮고, 뒷면에서 실을 정리한다

빼뜨기 잇기

1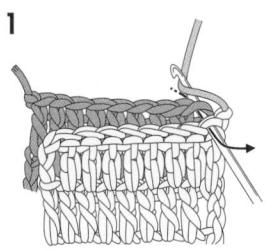
2장의 편물의 겉을 안으로 맞댄다. 마지막 단 코의 머리 2가닥씩 주워서 실을 건 후 빼낸다

2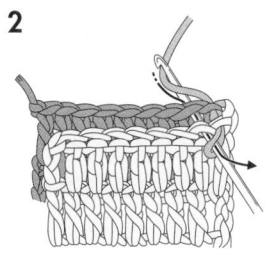
1과 같은 요령으로 뜨개코를 줍고, 실을 걸어서 바늘에 걸려 있는 고리까지 함께 빼낸다. 계속 반복한다

3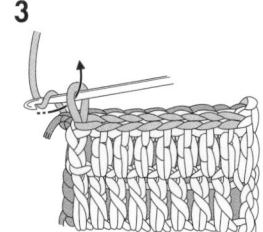
끝부분에서 한 번 더 실을 걸어서 빼뜨기하고 코를 당겨 조인다

감아 잇기(감침질)

1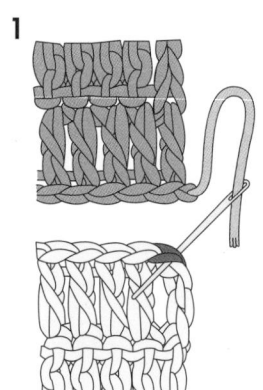
2장의 편물을 겉면이 보이도록 맞대고 각각 마지막 단의 머리를 2가닥씩 줍는다

※ 머리를 반 코씩 연결하는 경우도 있다

2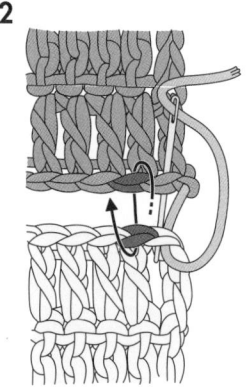
1코씩 돗바늘을 항상 같은 방향으로 넣는다. 연결 실이 노출되므로 실을 일정한 세기로 당기도록 주의한다

3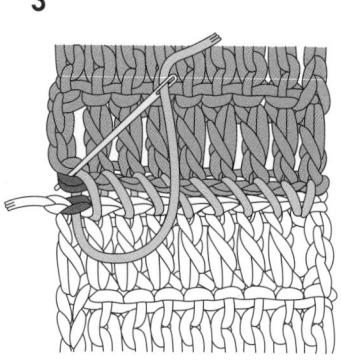
끝부분은 1~2번 같은 지점에 꿰매 단단하게 조이고, 뒷면에서 실을 정리한다